COMPTE-RENDU

DE L'EXPOSITION

DES PRODUITS

DE

L'INDUSTRIE NATIONALE.

CORBEIL, IMPRIMERIE DE CRÉTÉ.

EXPOSITION

DES PRODUITS

DE

L'INDUSTRIE NATIONALE

EN 1839.

COMPTE-RENDU

PAR LE COMITÉ D'EXAMEN DU MÉMORIAL

DU COMMERCE ET DE L'INDUSTRIE,

RÉDIGÉ PAR

M. AD. BLAISE (DES VOSGES),

SECRÉTAIRE DU COMITÉ.

PARIS,

AUX BUREAUX DU MÉMORIAL DU COMMERCE

ET DE L'INDUSTRIE,

RUE DU BOULOY, 25. — RUE COQUILLIÈRE, 35.

—

1839

EXPOSITION

DES PRODUITS

DE

L'INDUSTRIE NATIONALE.

COMPTE-RENDU

PAR LE COMITÉ D'EXAMEN DU **MÉMORIAL**
DU COMMERCE ET DE L'INDUSTRIE,

RÉDIGÉ PAR

M. AD. BLAISE (DES VOSGES),

SECRÉTAIRE DU COMITÉ.

Considérations Préliminaires.

Chaque jour nous entendons discuter autour de nous la question de savoir si les expositions sont ou non utiles à l'industrie.

Sans vouloir prendre une part active à ce débat, nous dirons seulement que ces solennités ne nous semblent ni aussi parfaitement bonnes que quelques uns le prétendent, ni aussi complètement insignifiantes que d'autres l'affirment.

En effet, si, d'une part, on y observe de nombreuses et importantes lacunes qui ne permettent pas de constater l'état réel de toutes nos industries ; si non seulement des manufacturiers éminents, mais encore des branches de production tout entières ont déserté le concours ; si l'absence des produits étrangers les plus parfaits rend impossible la solution des questions de douanes les plus intéressantes ; si enfin l'omission des prix de vente sur un grand nombre d'objets ne permet pas d'apprécier avec exactitude la valeur des progrès accomplis : on doit reconnaître, d'un autre côté, qu'à défaut des industriels récompensés précédemment, il s'en est présenté d'autres non moins habiles, et qui n'ont pas laissé l'enseignement sans moniteurs ; on doit voir également, même en ne jugeant les faits que sous les rapports purement matériels, que, si la France tout entière paie les frais assez considérable de l'exposition de Paris, la capitale n'en profite pas seule ; et que les manufacturiers des départements, et avec eux leur population d'ouvriers, leur clientelle d'agriculteurs qu'ils font vivre en achetant leurs produits, retirent d'assez notables avantages des perfectionnements sans nombre dont une exposition, même médiocre, donne toujours l'idée, et des relations dont elle facilite l'établissement.

Peu importe donc la valeur absolue des expositions, l'essentiel est qu'elles produisent les résultats qu'on en attend ; notre mission, à nous, est de constater si ce but a été atteint.

Dès ce moment, nous pourrions répondre *oui*, s'il fallait nous en rapporter à l'ardeur avec laquelle le public, déjà ému par les merveilles de 1834, se précipite en foule vers les nouvelles galeries construites à grands frais à l'une des extrémités de Paris. Mais nous savons trop bien que nous nous adressons à une classe spéciale de lecteurs, à des hommes de travail et d'affaires, et que pour leur parler le langage qui leur convient, nous devons former nos convictions avec d'autres éléments que l'engoument irréfléchi de la foule ignorante, et asseoir nos jugements sur d'autres bases que la faveur capricieuse de la mode.

Depuis que les salles de l'exposition sont ouvertes, nous les avons visitées chaque jour, guidés par les indications d'un grand nombre d'industriels, nos correspondants ordinaires ; nous avons examiné beaucoup de produits, mais nous ne les avons pas encore étudiés d'une manière assez complète pour prononcer immédiatement. L'exposition est loin d'ailleurs d'être entière, et les ouvriers travaillent encore pour suppléer à l'insuffisance des bâtiments compris dans les premiers plans ; tous les produits d'Alsace et les industries cotonière et drapière sont resserrés dans d'étroites niches où les pièces sont empilées et non exposées ; une autre industrie importante, celle des meubles, ne montre rien encore ; toute la place qui lui avait été assignée a été envahie par les pianos et les billards, qui occupent près du quart des galeries. Tout ne sera réellement terminé que vers la fin du mois, et alors seulement nous pourrons formuler des avis sérieux, car nous aurons pu comparer tous les produits similaires que nous ne connaissons que partiellement aujourd'hui.

Sans avoir la prétention de tirer des chiffres plus ou moins habilement groupés, des oracles infaillibles, nous constaterons cependant comme un fait remarquable l'accroissement du nombre des exposants depuis l'origine de cette institution, accroissement qui a eu lieu malgré la sévérité chaque année plus grande des jurys d'admission.

L'exposition de 1798 ne comptait que 111 exposants, et 16 départements sur 96 furent représentés.

Celle de 1801 réunit les produits de 220 industriels.

1802 reçut les travaux de 540 manufacturiers.

— 1806 vit ce nombre s'élever à 1422, la France étant alors composée de 116 départements.

— 1819 fut encore plus riche, puisqu'on y vit 1662 exposants, malgré le morcellement du territoire.

— 1823 vit le progrès s'arrêter et le nombre des exposants descendre à 1648.

— 1827 en compta 1795.

— 1834 en eut 2,437, appartenant à 75 départements.

Enfin l'exposition de 1839 se compose, suivant le livret officiel, des produits, de 3,348 industriels dont les établissements sont situés dans 79 départements.

Les douze départements qui ont le plus de représentants à l'exposition sont les suivants.

Seine.	2047	Loire.	43
Seine-Inférieure.	96	Seine-et-Marne.	39
Rhône.	73	Isère.	38
Gard.	58	Finistère.	32
Nord.	56	Seine-et-Oise.	32
Haut-Rhin.	55	Vosges.	30

Les douze qui en ont le moins sont :

Corse.	1	Mayenne.	2
Landes.	1	Lot-et-Garonne.	2
Vaucluse.	1	Loir-et-Cher.	2
Var.	2	Jura.	2
Hautes-Pyrénées.	2	Eure-et-Loire.	2
Morbihan.	2	Hautes-Alpes.	2

Les sept départements qui n'ont pas exposé, sont :

Basses-Alpes.	Gers.
Cantal.	Lot.
Cher.	Lozère.
Corrèze.	

Mais ces chiffres, pour être exacts et matériellement

vrais, ne peuvent être considérés comme ayant une valeur rigoureuse ; le nombre des exposants de chaque département ne peut pas être regardé comme l'indication de l'importance de son industrie. Si, en effet, on consulte une publication officielle très-précieuse, le compte-rendu des ingénieurs des mines, on voit que le département du Cher, par exemple, qui ne compte pas un seul exposant, produit annuellement pour près de six millions de francs de fonte, fer, etc ; que le département des Landes, qui est dans le même cas, livre chaque année au commerce pour deux millions de produits minéraux.

Un autre recueil, les Annales de la société séricicole, nous apprennent que le département du Var, qui n'a que deux exposants (en passementerie et parfums), récoltait, en 1835, 115,494 kilogrammes de cocons produisant 8,884 kilos de soies grèges, que la Lozère, qui n'a pas d'exposants, récolte 42,000 kilos de cocons, les Basses-Alpes 37,886 kilos.

Encore une fois donc, le nombre des exposants n'indique pas le degré d'activité industrielle des localités, mais le goût des habitants ; il peut bien prouver en faveur de ceux qui se sont présentés, mais non pas contre ceux qui se sont abstenus.

Cet empressement, que mettent un certain nombre de nos manufacturiers à prendre part aux expositions des produits de l'industrie tient surtout au caractère national.

C'est en France que les expositions ont pris naissance, et si depuis 1798 elles se sont propagées au dehors, elles n'y ont jamais obtenu le succès d'enthousiasme qui leur est constamment assuré dans notre pays ; il est même des contrées, comme l'Angleterre, où cette coutume n'a jamais pu pénétrer et s'établir. Non pas que les Anglais méconnaissent l'utilité des expositions, et qu'ils se croient trop habiles, comme on l'a dit, pour avoir quelque cnose à apprendre ; c'est tout simplement parce qu'ils craignent de livrer leurs secrets en exposant leurs métiers. Voyez aussi comme ces mêmes industriels qui, à Manchester, à Leeds, à Sheffield, se murent si soigneusement pour se défendre contre les regards indiscrets, se hâtent de passer le détroit aussitôt que l'époque d'une de nos expositions arrive, et combien ils sont assidus dans leurs visites à la salle des machines et aux galeries des tissus : c'est que là tout est profit pour eux : ils y apprennent sans bourse délier, c'est-à-dire sans rien montrer aux autres.

Nous avons dit que les expositions étaient d'origine française. On se rappelle en effet que la première, celle de l'an VI, ou 1798, avait eu pour but dans la pensée de son auteur, François de Neufchâteau, alors ministre de l'intérieur, de montrer aux ennemis de la France ce qui lui restait encore de ressources industrielles, malgré ses gigantesques luttes militaires, et indiquer en même temps à ses enfants ce qui lui manquait pour rendre son triomphe plus certain. Si le premier avertissement fut promptement oublié, l'appel patriotique fut religieusement entendu : aussi est-ce un magnifique spectacle que celui des progrès de notre industrie, suivant depuis lors les progrès de nos armes ; que ces conquêtes scientifiques non moins fameuses et plus utiles que nos conquêtes politiques. C'est une admiration profonde que l'on doit ressentir pour ces hommes qui furent nos pères, et dont quelques uns sont encore dans nos rangs, et qui, après avoir payé leur dette de sang au pays, ont encore voué leurs bras à le servir et ont comblé par leur travail le vide que leurs armes avaient fait dans la fortune publique.

On a vû souvent des peuples très-industrieux et des peuples très-guerriers, mais il ne s'est jamais rencontré qu'un même peuple fût à la fois, et avec la même supériorité, destructeur et producteur. Dans les temps anciens, la république romaine fut animée d'un esprit militaire semblable à celui qui nous a fait planter nos drapeaux dans toutes les capitales de l'Europe ; mais jamais Rome ne fut industrieuse ; elle méprisait le travail et l'abandonnait aux esclaves et aux affranchis : elle ne fut jamais riche que de ses rapines. Dans les temps modernes, l'Angleterre a pour ainsi dire légitimé le travail et en a fait le principal appui de l'édifice vermoulu d'une constitution qui ne repose plus que sur les bases ébranlées d'une aristocratie qui expire ; mais l'Angleterre n'est nullement guerrière, et si vingt ans elle a été notre plus redoutable ennemie, c'était son or et non pas ses soldats que nous rencontrions sur tous ces champs de bataille, devenus pour nous autant de champs de victoire. Il appartient donc bien réellement à la France seule de réunir cette dualité exceptionnelle, de posséder une population d'élite qui combat d'une main et travaille de l'autre, et une réunion de grands généraux qui sont de grands savants, et de grands savants qui dans l'occasion peuvent se montrer grands généraux. C'est que, sans cela aussi, la France aujourd'hui grande, forte, riche et puissante, n'existerait plus : uniquement guerrière, elle eût été écrasée et détruite ; uniquement industrielle, elle eût été envahie sans obstacle et morcelée sans résistance ; à la fois guerrière et industrielle, les vingt ans de lutte qu'elle a eu à traverser n'ont fait que retremper avec plus de vigueur le ressort de son énergie, et donner carrière au génie de ses inventeurs.

La paix, qui a rejeté exclusivement dans le travail une énorme quantité de bras jusque là occupés par la guerre, qui a fermé une carrière sans en ouvrir une autre, n'a rien changé du reste à l'esprit public. Des routes nouvelles ont été suivies, mais pour beaucoup le but est resté le même : le besoin de distinction, d'honneurs, de récompense a conservé toute sa vivacité, et beaucoup poursuivent encore sa satisfaction aux dépens de leurs intérêts. Voyez en effet ce qui se passe à chaque exposition, visitez les galeries et dites si un grand nombre de ses produits que vous admirez ne sont pas de coûteux tours de force, entrepris et exécutés dans le seul but d'obtenir une médaille, et dont il ne faudrait pas un grand nombre pour conduire l'artiste à l'hôpital.

Ceci est le mauvais côté de cette habitude nationale qui nous porte à accepter, en échange de nos sacrifices, la fumée et la fausse monnaie de la gloire ; mais il est un moyen cependant d'en tirer parti et de la faire servir à l'avantage commun. C'est de laisser dans l'oubli, de blâmer même, les travaux faits uniquement pour l'exposition, et de récompenser avec une équité parfaite les industriels sérieux, quelle que soit d'ailleurs leur position ; de ne voir que la qualité, et non pas l'âge de leurs services.

C'est là sans doute une proposition qui paraîtra à beaucoup de personnes trop simple et trop juste pour avoir besoin d'être développée ; nous le ferons cependant, car le rapport du jury central de 1834, que nous avons sous les yeux, nous apprend que les membres qui le composaient ont pensé à cet égard autrement que nous et que la majorité du public.

Nous y observons, par exemple, que le sous-comité de la section des machines a accepté pour jurisprudence constante de n'accorder de récompenses de premier ordre qu'aux inventions anciennes et depuis long-temps expérimentées, quel que soit d'ailleurs leur mérite.

On conçoit sans peine que la sanction de l'expérience soit nécessaire pour confirmer les promesses des inventeurs, et vérifier en grand les résultats obtenus dans des essais de laboratoires ; mais ne suffit-il pas, pour que cette condition soit remplie, que le procédé ou la machine exposé ait été soumis dans une ou deux fabriques à un travail constant et régulier, quelle qu'en soit l'ancienneté? Oui, répondrions-nous; NON, porte le rapport du jury, qui décerne une médaille d'or à une machine imparfaite, parce qu'elle a été généralement adoptée, et seulement une médaille de bronze à l'inventeur d'une autre machine destinée au même service, et dont le rapport dit : *Elles* (ce sont des portes d'écluse) *ont à juste « titre la préférence sur toutes les autres, et quand elles « seront plus généralement en usage, elles mériteront une « distinction supérieure.* »

En vérité, nous ne comprenons pas un pareil système. Comment, deux produits sont en présence, l'un médiocre, mais en faveur, l'autre bon, mais peu connu, et tout en reconnaissant la supériorité de celui-ci sur celui-là, vous donnerez la récompense de premier ordre à celui qui la mérite le moins ! Ce n'est pas là de la justice.

Si le jury est, comme nous le supposons, formé de l'élite de nos savants et de nos praticiens; s'il est institué pour juger, d'après ses propres lumières et avec une complète indépendance des jugements et des préjugés publics, les produits qui lui sont présentés; s'il en est ainsi, disons nous, nous ne saurions concevoir l'étrange décision qu'il a prise.

Pourquoi donc, au lieu de sanctionner l'erreur, de la glorifier en quelque sorte, ne la signale-t-on pas pour ce qu'elle est, non seulement par les lignes d'un rapport que fort peu auront entre les mains, mais, ce qui est mieux, par un signe matériel : la privation de toute récompense si le produit est mauvais, ou le don d'une médaille inférieure, s'il n'est que médiocre.

Ne semble-t-il pas, en voyant de tels jugements, que la mission du jury a été mal comprise par les hommes qui ont été appelés à en faire partie; et de leur part n'eût-il pas été mieux de réparer, au lieu de les perpétuer, les injustices du hasard ou de la prévention, en tirant les inventeurs utiles de l'oubli, et en y replongeant ceux qui n'avaient pu en sortir qu'en l'absence de toute rivalité supérieure.

Nous critiquerons également sans réserve un autre point de la jurisprudence du jury, qui consiste à n'accorder de récompense de premier ordre qu'aux grandes fabriques.

Il est dit, dans un passage du rapport, d'ailleurs si remarquable, de M. le baron Ch. Dupin, que :

« Si l'établissement de M. N... était, par l'étendue de « la fabrication, au même rang que pour la perfection « du travail, le jury lui décernerait la récompense de pre- « mier ordre ; mais comme cette fabrique a pris peu d'ex- « tension, le jury croit devoir donner seulement à M. N... « une nouvelle médaille d'argent. »

En lisant ces lignes, on se demande si là encore le jury n'a pas méconnu les saines doctrines qui devraient toujours inspirer ses jugements.

Sans doute il est important de connaître le chiffre de la production de nos manufactures, et l'on doit désirer que leur importance s'accroisse chaque jour, car leur faiblesse financière est la seule cause de leur infériorité vis-à-vis des producteurs étrangers ; mais la force relative de chaque maison qui expose ne peut entrer pour rien dans l'appréciation de leurs mérites respectifs.

Nous irons même plus loin. Nous dirons que, si l'étendue des affaires de chaque concurrent doit être de quelque considération aux yeux du jury, il doit, à mérite égal, accorder toute sa bienveillance au fabricant le plus humble qui, malgré la faiblesse de ses ressources, est parvenu à faire aussi bien que son rival plus favorisé de la fortune. Qu'importe qu'il ait moins produit ? C'est un signe d'impuissance, quelquefois de sagesse, et non d'incapacité. Il y a même plus de gloire à lui d'avoir bien fait avec de modiques capitaux, qui ne permettent ni les essais ni les tours de force, qu'à ses compétiteurs qui ne sont arrivés à la perfection que portés sur leurs sacs d'écus.

Le caractère spécial de notre époque industrielle, c'est la concurrence illimitée entre les producteurs, disposant de forces inégales ; c'est la domination des grands capitaux; c'est la création d'une aristocratie d'argent sans grandeur, sans tradition, sans noblesse et sans obligation. Beaucoup de bons esprits voient avec regrets cette tendance de la société et voudraient en corriger les inconvénients ; appartient-il donc à ceux qui se trouvent en position de guider leurs concitoyens, de les précipiter aveuglément dans cette route qu'on a déclarée mauvaise, et d'honorer par des récompenses les plus hardis explorateurs de cette voie brillante mais funeste? Leur devoir ne serait-il pas plutôt de rétablir l'équilibre entre les concurrents, de compenser, au moyen des distinctions nationales qu'ils dispensent, la faiblesse des plus humbles, et de leur donner peut-être ainsi les moyens de se procurer à bas prix les capitaux nécessaires au développement complet de leurs entreprises? C'est là notre opinion : le public en appréciera le mérite. Il dira si le jury, ce tribunal industriel, doit dans les cas de droits égaux donner gain de cause à la partie la plus riche. Dans tous les temps, nos parlements ont adopté la maxime contraire pour devise. A leurs yeux, la faiblesse, luttant contre la force, avait toujours une présomption de droit en sa faveur.

Quelques personnes ont remarqué, en parcourant les salles de l'exposition, que, malgré les ordres donnés par le ministre du commerce, beaucoup de produits ne portaient pas l'indication de leurs prix. Dans le public, dans la presse, cette question a été vivement controversée et n'a pas reçu de solution. Nous dirons ici, sans rentrer dans la discussion, que, pour un grand nombre d'industries, il n'a pas été possible de se conformer aux instructions officielles; non que les exposants s'y soient refusés, mais parce que les marchands qui remplissent les fonctions d'intermédiaire entre eux et le public n'ont pas voulu le permettre.

Cette prétention paraîtra peut-être exorbitante; elle existe cependant. Aussi, sauf quelques produits spéciaux, voit-on fort peu de prix marqués sur les pièces livrées à l'examen public.

Sans doute le commissionnaire, le marchand, est un intermédiaire nécessaire entre le fabricant et le consommateur, mais son concours doit-il se payer depuis 25 jusqu'à 100 pour o/o et au delà de la valeur des objets qui passent par ses mains? C'est ce que nous ne croyons pas, et ce qui pourtant arrive tous les jours.

Nous avons vu des toiles peintes que l'indienneur livre à 17 ou 18 sous, et que le marchand de nouveautés ne revend pas à moins de 30 sous et plus. Combien de châles vendus par les fabricants de 250 à 400 francs, acquièrent dans le passage de leurs magasins à la corbeille de la nouvelle mariée une valeur égale à celle primitive, et ne sont pas payés moins de 500 à 1,000 francs par nos élégantes.

L'exposition compte un grand nombre de produits de cette nature dont nous n'avons su les prix réels qu'à la condition de les tenir secrets. Engagés par nos promesses nous ne nommerons personne, mais nous ne pouvons nous empêcher d'entr'ouvrir un peu la main qui renferme tant de vérités.

Semblables aux barons du moyen-âge qui levaient une dîme en nature ou en argent sur les marchandises qui passaient sur leurs terres, les entreposeurs de Paris taxent impitoyablement les produits des fabriques de province, qui ont besoin de leur entremise pour trouver un débouché sur notre place. Mais, dira-t-on, comment cet abus peut-il subsister avec la concurrence si active de l'industrie? Comment les fabricants ne font-ils pas vendre directement et pour leur compte, ou encore pourquoi ne s'entendent-ils pas pour former un dépôt général administré sous leur surveillance et qui leur laisserait tous les profits de la vente?

En premier lieu, nous ferons observer que la concurrence s'exerce, non pas entre les marchands de Paris, mais entre les fabricants; et qu'il arrive assez fréquemment que des industriels se ruinent en produisant certains objets dont la vente enrichit ceux qui s'y consacrent. La concurrence extérieure pourrait seule détruire cette organisation et faire entrer dans la poche des consommateurs le bon marché auquel nos manufacturiers arrivent chaque jour et dont les bénéfices n'entrent guère, jusqu'ici, que dans la caisse des intermédiaires dont il a été question.

Quant à ce qui concerne la vente directe, elle est presque impossible en ce sens qu'une seule maison ne peut guère approvisionner un dépôt. Quelques très-fortes fabriques, dont les produits sont connus et spécialement demandés, peuvent l'entreprendre; mais la foule n'y arriverait pas. Un grand nombre d'industriels ne possèdent pas d'ailleurs assez de capitaux pour continuer à travailler et attendre la vente; aussitôt qu'ils ont produit, ils expédient et obtiennent des *avances sur consignation*.

C'est là une fâcheuse nécessité à laquelle l'établissement des banques locales bien entendues pourrait seul nous soustraire, et qui dans un grand nombre de cas est la seule cause de notre infériorité vis-à-vis de l'Angleterre et de quelques autres pays dans lesquels les capitaux sont abondants et à bon marché.

On conçoit également que cette circonstance qui empêche les fabricants de faire vendre directement, ne leur permet pas davantage de s'entendre entre eux pour organiser un dépôt général. Celui-ci ne faisant pas d'avances, il y aura toujours des nécessiteux qui, ayant besoin d'argent, iront trouver un négociant de Paris et lui proposeront la vente de leurs produits moyennant des secours immédiats. Il y a quelque chose à faire certainement pour améliorer sous ce rapport la condition de nos industriels, mais quand y arrivera-t-on? C'est ce qu'il est impossible de dire. Déjà cependant la vente de quelques produits spéciaux, comme la bonneterie, la cristallerie, a été réunie sur un seul point, au grand avantage du public et des fabricants. C'est là un bon exemple à suivre, et nous espérons être assez heureux pour pouvoir en citer quelques imitations, lorsque viendra le moment de nous occuper d'une nouvelle solennité industrielle.

Nous ne terminerons pas ces considérations préliminaires sans nous rendre les échos des plaintes formulées par beaucoup d'exposants, sur les souffrances résultant pour eux de la crise qui se prolonge si indéfiniment; comme aussi sur la maladresse du choix qui a été fait de l'époque actuelle pour ouvrir les galeries de l'exposition.

Quant à la crise ministérielle, il est presque superflu de nous étendre sur ses inconvénients pour le commerce et l'industrie; à cet égard les journaux quotidiens de toutes les nuances nons ont laissé peu de choses à dire, nous exprimerons seulement les vœux formés par les travailleurs à propos de la formation du nouveau ministère.

Tout ce qui en France s'occupe d'industrie ou de commerce demande que l'administration ait un système économique arrêté; la pire des réformes étant encore préférable à l'incertitude; on veut que le ministère soit assez fort, assez convaincu, pour oser agir et pour maintenir ce qu'il aura une fois arrêté. Que les réclamations des intérêts privés, fort respectables d'ailleurs, les trouvent inébranlables du moment où il sera persuadé que les intérêts généraux exigent leur sacrifice.

Nous nous rappelons à ce sujet, que lorsque le célèbre

M. Huskisson voulut commencer ses réformes , il ques-
tionna tous les intéressés , et qu'après avoir entendu chacun réclamer privilège pour soi et liberté pour les autres , il en conclut que la liberté était le régime bon pour
tous , et il agit en conséquence. Quelques froissements
résultèrent certainement des mesures qu'il prit alors ;
mais, tout en les déplorant, l'Angleterre n'a qu'à se louer
aujourd'hui de cette détermination , qui lui a ouvert une
foule de débouchés importants, sans lesquels ses manufactures mourraient d'engorgement.

Un membre du jury d'examen, dont le nom fait autorité en industrie et en économie politique, M. N. Kœchlin , disait l'autre jour en parcourant la salle des machines : « Chacun des perfectionnements que l'on remarque ici sont dus à une expérience chèrement acquise.
Nos industriels qui , pour se mettre à l'abri de la concurrence étrangère avaient demandé et obtenu des prohibitions et des droits protecteurs, n'avaient pas songé à la
concurrence intérieure, qui, en augmentant chaque année
la masse des produits fabriqués , devait les forcer tôt ou
tard à chercher, pour ce qui excèderait les besoins de la
consommation nationale , un placement sur les marchés
du dehors, où ils se trouveraient alors exposés sans défense à toute la concurrence des produits rivaux les plus
perfectionnés.

« Ce moment est venu pour beaucoup d'entre eux, chaque
crise commerciale voit se reproduire le même phénomène,
et chaque fois nos manufacturiers acquièrent à leurs dépens la conviction qu'il n'y a de salut pour eux que dans
l'étude des procédés de travail les plus économiques et
les plus perfectionnés.

« Tous les ans notre richesse expérimentale s'augmente
ainsi, nos producteurs sortent de leurs ateliers et vont
étudier chez leurs rivaux le secret d'une supériorité qui
les menace de ruine et dont l'imitation devient chaque

jour et de plus en plus une question de vie ou de mort. Encore un peu de temps, et je suis convaincu que les ventes à l'étranger deviendront si nécessaires et si considérables, que tous nos fabricants devront y avoir recours, et alors ils demanderont eux-mêmes la suppression complète de la législation protectrice dont quelques uns se glorifient encore, et que quelques aveugles considèrent même comme insuffisante, ce qui du reste est vrai sous un certain rapport ; puisqu'elle ne défend pas de la contrebande, que les perfectionnements et les économies de production peuvent seuls anéantir. »

Ces remarques sont de la plus grande vérité. Aussi la partie éclairée de notre population industrielle, et elle se grossit à chaque instant, comprend-elle aujourd'hui qu'il est impossible à la France de s'entourer de barrières infranchissables contre les produits étrangers, et d'armer une moitié de sa population pour garder l'autre. La nécessité où nous sommes de porter une partie de nos produits au dehors nous fait une loi d'accepter les produits des autres, ou de ne les repousser que par la perfection et le bon marché des nôtres.

Le règne des traités de commerce est passé ; ils ont pu être bons à une époque où le système de protection était en vigueur et comme infraction à ce régime absurde ; mais ce qu'il faut aujourd'hui, c'est plus que de la tolérance pour quelques uns, c'est de la liberté pour tous.

C'est, pour en revenir au ministère, un cabinet fort et éclairé, qui sache et qui veuille ; qui consulte le passé en regardant l'avenir, mais qui ne s'acharne pas à un squelette expirant.

C'est, par exemple, un cabinet qui sache prendre une décision dans la question des sucres, et ne conserve pas à la fois le monopole aux colonies par rapport aux sucres de l'Inde, et le monopole à la betterave par rapport aux sucres des colonies.

C'est, encore, une opinion arrêtée sur la question des lins et une mesure décisive qui compense au moins le mal causé à nos fileuses et tisserands à la main, par les procédés mécaniques; en assurant par le maintien du tarif actuel le bon marché et la prompte adoption des nouveaux produits, pour lesquels on demande une protection inutile, puisque déjà, sous le régime actuel, nos fabricants peuvent s'y retirer et obtiennent, grace à la supériorité de leurs fils et de leurs toiles, une préférence sur les produits anglais, même à un prix plus élevé.

En un mot, ce que le commerce et l'industrie demandent comme terme de la crise, ce n'est pas l'anarchie qui les ruinerait les premiers, mais la force et la fermeté. C'est une marche sagement mesurée, mais incessante, vers la destruction de tous les abus, de toutes les entraves qui gênent les allures et les développements de nos travailleurs. C'est la suppression de toutes les prohibitions et la réduction de tous les droits élevés, qui leur cachent encore les moyens de défense dont se servent leurs adversaires. — Nous aurons occasion de démontrer ces différentes propositions dans l'examen spécial de chacune de nos industries.

Les exposants se plaignent encore, avons-nous dit, du choix qui a été fait de l'époque actuelle pour l'ouverture des galeries. Ceci est une question de temps d'un intérêt léger pour les curieux visiteurs, mais importante pour le commerce et l'industrie.

Les personnes qui sont dans les affaires savent en effet que les marchands de province ont pour habitude de venir faire leurs achats à Paris deux fois par an : la première en mars pour les articles d'été, la seconde en septembre pour les articles d'hiver : or il se trouve justement qu'on n'a choisi, pour ouvrir l'exposition, aucune de ces deux époques.

C'est là ce dont se plaignent avec raison les exposants.

Pour eux, en effet, nous voulous parler surtout des fabricants de tissus, dont l'industrie est la plus importante, le public n'est pas cette foule qui se rue dans le pavillon des arts divers, qui se groupe auprès des orgues et des pianos, s'entasse devant des tapis de peaux de chat, les billards à musique et à poissons rouges, les armures en carton-pierre et les piquants costumes de la chasse au lion. Le public des fabricants d'étoffes de coton, de soie, de laine et de lin, ce sont les marchands connaisseurs qui étudient les produits d'une maison, et vont les demander aux dépôts ; c'est enfin le public qui était ici il y a deux mois, mais qui est parti maintenant, ou ne compte plus à Paris que quelques rares représentants. Voyez aussi comme la galerie des draps est déserte, et calculez ce que telle maison qui expose des nouveautés printanières perd à ne pas être venue plus tôt.

Sous ce rapport, notre exposition est manquée, elle est à cheval sur l'hiver et sur l'été. Deux mois plus tôt, nous eussions vu une foule d'étoffes légères ; deux mois plus tard, nous verrions des étoffes chaudes qui sont encore sur le métier. Il en est de même pour les indiennes. Quelque belles que soient ces toiles de Mulhouse, ces mousselines de laines, vous n'avez pas là toutes les dispositions d'été, toutes celles d'hiver. On ne vous a pas montré les premières, parce qu'elles sont déjà dans toutes les boutiques, et que l'exposition ne doit pas leur servir de succursale ; on ne vous donne pas non plus les desseins d'hiver, parce que beaucoup sont encore dans la tête des artistes qui doivent les composer.

En fabrique, chaque saison a son genre de travail, et l'une ne peut jamais enjamber sur l'autre. On pourra bien distraire par hasard un métier de l'ensemble, et le faire travailler pour l'exposition ; mais on n'obtiendra de lui que quelques pièces d'échantillon, et non pas une masse de produits comme il en faut pour juger sérieusement de l'état de l'industrie.

Toutes ces observations, nous ne les faisons pas *a priori*; nous nous bornons à les reproduire d'après les exposants eux-mêmes, qui les ont vainement soumises à l'administration. « Mon siége est fait, a-t-elle dit sans doute, je n'y puis rien changer. » Et les choses sont restées en l'état où on les voit aujourd'hui. C'est-à-dire une exposition incomplète, inopportune et un local tellement restreint, si mal éclairé, que mille beautés s'effacent dans l'ombre, que les progrès les plus curieux, les plus importants, sont invisibles pour tous, même pour le jury.

Une galerie seule, celle des machines, est à peu près garnie des objets qu'elle doit recevoir; nous commencerons notre examen par elle et sans avoir égard à un ordre plus logique, que la force des choses nous fait une loi d'abandonner.

MACHINES.

Depuis long-temps le procès intenté aux machines est vidé pour les hommes de bonne foi qui, tout en reconnaissant ce que l'application immédiate des inventions nouvelles peut avoir de fâcheux pendant la période de transition pour les ouvriers dont elles viennent supprimer ou modifier le travail, ont reconnu toutefois que, malgré leurs inconvénients, il était impossible à un peuple contraint de chercher un débouché extérieur pour une partie de ses produits, de ne pas les adopter avec empressement.

Sans les machines, l'industrie ne peut vivre, l'industrie est morte; sans machines, l'Angleterre ne peut extraire le cuivre des mines de Cornouaille, la houille des bancs de Newcastle; sans machines, il faudra des années et des armées pour exécuter les travaux les plus simples.

Les machines à vapeur de la grande Bretagne, fortes de 320,000 chevaux (1), peuvent, nous disait M. le baron Ch. Dupin dans un excellent discours prononcé le 24

(1) La force totale des machines à vapeur existant en France au 1er janvier 1837 n'était encore, suivant le compte rendu des ingénieurs des mines, que de 23,411 chevaux, ou un peu moins de la 13e partie de la force des machines anglaises en 1821, époque du discours de M. le baron Dupin. — On voit combien il nous reste encore à faire avant d'atteindre à la puissance productive de la Grande-Bretagne.

avril 1821, à la séance générale des quatre académies de l'Institut de France, exécuter en 18 heures l'enlèvement de toutes les pierres dont se compose la grande pyramide d'Égypte, d'abord des carrières les plus profondes sur le sol, puis du sol jusqu'à la position qu'elles occupent dans les différents degrés de ce haut édifice, travail qui a exigé autrefois l'emploi, pendant plus d'un demi-siècle, d'un nombre d'hommes vraiment prodigieux (1).

Combien de merveilles non moins surprenantes et plus utiles que les pyramides ne pourraient s'accomplir aujourd'hui sans les machines. Sans elles, pas de fer, c'est-à-dire d'outils pour nos ouvriers ; sans elles, pas d'indiennes pour leurs femmes, pas de drap ou de bure pour eux-mêmes, pas de livres et d'instruction pour leurs enfants, pas d'armes pour les soldats qui les défendent et assurent la sécurité de leur travail.

Les ouvriers qui, par ignorance, se révoltent encore contre les machines et les brisent, se rendent coupables d'un véritable suicide ; les écrivains qui, par aveuglement ou mauvaise foi, s'en prennent aux machines des souffrances et des privations qu'endurent certaines catégories de travailleurs, commettent une erreur déplorable qui augmente les difficultés de la position, au lieu de les détruire. — C'est sur le terrain de la circulation des capitaux, cet agent indispensable de toute production, que la discussion doit être portée maintenant, et non pas sur celui de la suppression des machines ; ce qu'il faut découvrir,

---

(1) Suivant Hérodote, on employait tous les trois mois 300,000 hommes à fouiller les carrières de la montagne d'Arabie, et à en transporter les pierres de l'autre côte du Nil jusqu'à la montagne de Lybie. Il ne fallut pas moins de dix ans pour construire la chaussée par où l'on devait traîner les pierres, sans compter le temps qu'il fallut employer au travail de la colline sur laquelle sont élevées les pyramides. La grande pyramide coûta vingt années de travail, sans compter le temps qu'on mit à tailler les pierres, à les voiturer, et à faire les édifices souterrains.

ce ne sont pas les moyens de s'en passer, mais ceux de procurer *à tous* les facilités nécessaires pour s'en assurer le concours.

Plusieurs causes se sont opposées jusqu'ici à l'adoption complète des machines et à leur perfectionnement en France : qu'il nous soit permis de les indiquer en passant.

On sait comment un grand nombre de nos manufacturiers, long-temps protégés outre mesure par une législation de douane exceptionnelle, ne donnèrent aucun encouragement, ou, pour mieux nous exprimer, n'offrirent aucun débouché à l'industrie des machines.

Garantis contre toute concurrence extérieure, et ayant à satisfaire d'une manière exclusive aux besoins de la consommation nationale, ils conservèrent avec persévérance leurs anciennes mécaniques, quelque imparfaites qu'elles fussent; aucune rivalité redoutable ne pouvant les forcer à recourir à l'emploi de procédés de production plus parfaits et plus économiques.

Lorsque, plus tard, les bénéfices énormes réalisés par nos fabricants furent connus, et que de toute part on vit affluer dans l'industrie des capitaux et des capitalistes plus ou moins intelligents, c'est-à-dire lorsque la production s'accrut, bien que les besoins restassent les mêmes, on commença à sentir l'aiguillon de la concurrence, et tout le monde s'adressa aux mécaniciens, les nouveaux-venus pour devancer leurs prédécesseurs, les anciens pour conserver leur rang. — Mais il arriva alors ce qu'il était facile de prévoir : — Les constructeurs de machines, jusque là négligés presque complètement, ne purent pas répondre aux demandes multipliées qui leur étaient adressées à la fois. Tout leur manquait : les ouvriers, les capitaux, l'outillage, les modèles, et jusqu'aux métaux qui devaient leur servir de matière première.

Ainsi, d'une part, l'industrie des machines était restée dans l'enfance, faute de débouchés, et de l'autre elle fut arrêtée dès ses premiers pas, lorsqu'elle voulut marcher, par l'absence de capitaux, par le haut prix du fer, par le manque d'ingénieurs et d'ouvriers habiles.

Loin donc d'applaudir aux plaintes que certains industriels, interrogés dans les enquêtes officielles, ont dirigées contre les mécaniciens français, on doit les repousser et proclamer au contraire que l'infériorité qui a pu exister un instant entre nos machines et celles de l'Angleterre, par exemple, n'est pas imputable à l'incapacité de nos constructeurs, mais provient de causes placées en dehors d'eux et tout-à-fait indépendantes de leur volonté.

Il suffit d'ailleurs, pour s'assurer du mérite de nos mécaniciens, de jeter un coup d'œil sur les tableaux de la douane, qui constatent d'une manière irréfutable, par le chiffre des exportations, les progrès de leur réputation au dehors depuis l'exposition de 1823.

En 1816, la France n'exportait que pour 16,454 fr. de machines et mécaniques de toute sorte.

Depuis cette époque jusqu'à la fin de 1837, nos exportations se sont réglées de la manière suivante :

	En 1823	en 1827	en 1834	en 1837
Hollande.	77,444	230,115	59,770	88,718
Belgique.			251,157	441,065
États Sardes. . . .	61,280	54,892	127,450	202,287
Suisse.	339,130	243,424	657,125	658,222
Allemagne	24,448	61,392	172,545	992,836
Espagne.	4,674	17,808	281,841	293,945
Colonies françaises.	68,305	279,119	119,626	217,758
Russie.	»	»	»	184,933
Prusse.	»	»	»	139,000
Angleterre.	»	»	»	33,603
Autres pays. . . .	90,249	321,064	512,650	625,731
	665,530	1,207,814	2,182,165	3,878,098

Ce tableau présente un grand intérêt, en ce qu'il démontre que, malgré la différence de prix des matières premières, rachetée, il est vrai, par une assez notable économie de main-d'œuvre, nous expédions chaque année un plus grand nombre de machines destinées aux fabriques étrangères ; et cela malgré la concurrence des mécaniciens anglais et belges, que nous trouvons sur tous les marchés extérieurs, et sur lesquels nous obtenons une préférence de plus en plus marquée, jusque dans leur propre pays.

Certes, il reste encore beaucoup à faire, avant que l'industrie des mécaniques ait une importance aussi grande en France qu'en Angleterre ; mais c'est déjà beaucoup que de pouvoir lutter au dehors et sans privilége avec les constructeurs de ce pays, que leur habileté avait fait long-temps considérer comme hors de concours.

Nous ferons encore remarquer ici, à l'honneur de nos industriels, que, bien que la France ait largement payé sa dette à la cause du progrès, en inventant un grand nombre de machines importantes, on n'a jamais élevé chez nous la prétention égoïste de réserver exclusivement pour le pays le monopole des avantages et des bénifices résultant des découvertes nationales ; jamais, comme en Angleterre, on n'a ni établi ni même songé à réclamer la prohibition de sortie des machines.

Moins généreux que nous, les Anglais ont toujours cherché, au contraire, à garder pour eux seuls le droit d'user de leurs inventions, le plus souvent d'origine française, mais d'application britannique. Observateurs religieux de leurs anciennes traditions, s'ils ne condamnent plus à la confiscation des biens et à la mort civile l'ouvrier qui émigre (statut de la vingt-troisième année du règne de Georges II), ils frappent de mort commerciale le mécanicien qui veut exporter ses produits. Ils poussent même si loin leurs prétentions à cet égard, que, non contents de la surveillance exercée par les agents de la douane, les industriels ont organisé à leurs frais une administration spéciale, commandant à de nombreux agents chargés de découvrir par tous les moyens possibles les tentatiyes faites pour exporter en contrebande les machines commandées par l'étranger.

Toutes les enquètes françaises et anglaises sont pleines de dispositions et de renseignements sur les obstacles que nos industriels rencontrent pour se procurer celles des machines de nos voisins, dont la sortie est prohibée ; la dernière enquête sur les lins nous a appris, par exemple, que les frais occasionés par l'importation en France d'un système complet de machines pour la préparation et la filature du lin se sont élevés à plus de 8o pour o/o de la valeur primitive.

Heureusement ces efforts sont vains ; les Anglais recueillent les reproches que leur a mérité leur égoïsme, mais ils n'obtiennent pas les profits qu'ils en attendaient. Quoi qu'ils fassent, leurs découvertes ne demeurent pas long-temps secrètes, et malgré les précautions dont ils s'entourent, malgré le délit d'inhospitalité dont ils se rendent coupables à l'égard de presque tous les étrangers qui vont les visiter, le monopole leur échappe, et au bout de quelques mois leurs mécanismes les plus ingénieux et les plus utiles, les plus compliqués comme les plus simples, sont importés et perfectionnés chez nous.

C'est là un fait que l'éducation chaque jour mieux entendue de nos ingénieurs, l'outillage de plus en plus complet de nos ateliers, explique naturellement ; nous aurons plus d'une fois l'occasion de le signaler dans le cours de notre examen, en nous appuyant du témoignage même de plusieurs d'entre les plus habiles constructeurs anglais, qui ont réuni les éléments d'une conviction raisonnée dans leurs fréquentes visites à notre exposition des produits de l'industrie nationale.

Heureux d'avoir pu constater de la sorte les progrès aussi rapides qu'honorables d'une branche importante de l'industrie française, nous avons hâte de vérifier, en passant à l'appréciation des produits exposés, si cette mar-

che est également rapide pour tous nos mécaniciens : c'est
ce que nous allons faire en commençant par les machines
motrices.

MACHINES A VAPEUR,

A AIR, MIXTES, HYDRAULIQUES.

Notre premier pas dans l'examen détaillé que nous avons
à faire n'est pas tel que nous l'eussions désiré. C'est avec
regret mais avec conviction que nous le disons ici : de
toutes les machines que nous avons étudiées dans la galerie qui leur est consacrée, celles employées à la production de la vapeur nous ont paru les moins perfectionnées. Aucune innovation de quelque importance n'a
été apportée depuis 1834 dans le système qui leur sert e
base, non plus que dans la combinaison de leur mécanisme intérieur. Peut-être même, nous le craignons, ne
s'est-on pas arrêté à un *statu quo* déplorable ; peut-être,
pour ne pas toujours rester au même point, a-t-on fait un
pas rétrograde et abandonné les conquêtes antérieures,
pour revenir à de vieilles erreurs depuis long-temps abandonnées par les mécaniciens anglais.

Les seules choses nouvelles qui, en fait de moteurs,
aient attiré notre attention jusqu'ici, sont les locomotives
et les machines hydrauliques et mixtes de MM. Fourneyron, Pelletier, Pecqueur, etc., dont nous parlerons
plus loin. Presque toutes les autres sont anciennes, et les
meilleures ne se recommandent que par leur bonne exécution et l'observation des lois physiques déjà connues.

La province d'Alsace, le plus riche joyau de la couronne industrielle de la France, est représentée dans la
galerie des machines, section des machines à vapeur,
par la belle locomotive de MM. Stehelin et Huber, de
Bitschweller (Haut-Rhin), ainsi que par l'appareil de prise

de vapeur par le trou d'homme et les indicateurs de niveau d'eau dans les chaudières de MM. J. J. Meyer et Cᵉ, de *Mulhouse*.

Depuis qu'il est question de chemins de fer en France, MM. Stehelin et Huber se sont appliqués à réunir dans leurs vastes ateliers les modèles et l'outillage nécessaires à la construction des locomotives, des wagons, des roues, des grues ; en un mot, de toutes les pièces principales, aussi bien qu'accessoires, employées dans l'exploitation des rails-way.

Plusieurs des machines établies par ces messieurs, et notamment l'*Alsace*, le *Rhin*, l'*Alcide*, font aujourd'hui le service du chemin de fer de Paris à Saint-Germain, en concurrence avec les machines anglaises les plus perfectionnées, et ne sont l'objet d'aucune plainte de la part des entrepreneurs de cette ligne.

Le système sur lequel MM. Stehelin et Huber ont construit la locomotive qu'ils exposent offre d'assez notables améliorations sur celui adopté, il y a peu de temps encore, comme le meilleur par les premiers constructeurs anglais. Ces améliorations se résument, comme pour toutes les machines du même genre, par une plus grand vitesse et une plus grande force, pour une dépense donnée ; elles ont été obtenues par une augmentation savamment calculée de la surface de la grille, de la hauteur du combustible, de la surface de chauffe, du diamètre des cylindres et de celui des roues.

Dans les machines anglaises dont il vient d'être question, la surface de la grille était de 0,650 et la hauteur jusqu'au premier rang de tubes de 0,45 ; dans la locomotive française, on a pour les deux dimensions : 0,854, et 0,45, ce qui donne place pour 4 hectolitres 81 de houille, au lieu de 3 hectolitres 67.

On sait que les chaudières des locomotives se composent d'une série de tubes ouvrant sur le foyer et par lesquels la flamme passe et chauffe l'eau contenue dans le cylindre qui renferme les tubes. La surface intérieure de ceux-ci devient dès lors la surface de chauffe : aussi, plus le diamètre et le nombre des tubes sont grands, et plus la vaporisation est prompte. Cette explication suffit pour faire comprendre toute l'importance des modifications apportées par MM. Stehelin et Huber dans les dimensions des différentes pièces de leur machine.

Nous avons dit quel était l'accroissement donné à la surface de la grille; voici les dimensions des autres parties. La surface du foyer, qui était auparavant de 3 m. 33, est de 4 m. 27. Le diamètre des tubes, qui était auparavant de 0,048, a été porté, à 0,05, et leur nombre de 82 à 104. En sorte que la surface de chauffe par les tubes, au lieu d'être de 25 m. 96, est de 43 m. 62, et les surfaces totales sont de 47 m. 89, au lieu de 29,29. Or, si l'on admet, suivant les expériences qui servent de loi, qu'un mètre carré de surface de chauffe vaporise 35 k. d'eau par heure, et qu'à la pression de 3 atmosph. 75 le volume d'un k. de vapeur est de 506 litres, on trouve que les machines anciennes ne vaporisaient dans une heure que 1025 k. d'eau, représentant 518,650 litres de vapeur ; tandis que la machine Stehelin vaporise dans le même temps 1676 k. d'eau, produisant 848,056 litres de vapeur.

Ces perfectionnements, dont il est facile d'apprécier l'importance, ne sont pas les seuls que MM. Stehelin et Huber aient introduits dans leurs locomotives. Nous y avons remarqué encore l'adoption des 4 manivelles de l'ingénieur anglais Stephenson, qui permettent de faire mouvoir les roues dans tous les sens, en arrière aussi bien qu'en avant, sans débrayage ; c'est-à-dire qu'il suffit de toucher un levier pour arrêter la machine avec rapidité et sans perdre la vapeur. Nous avons vu également que ces messieurs s'étaient attachés autant que possible à détruire les causes les plus ordinaires d'usure et de dérangement des machines, en augmentant le diamètre du cylindre et la longueur de la course du piston, ce qui a permis d'atteindre la même vitesse, tout en diminuant le nombre et la rapidité des coups de piston. D'autres améliorations distinguent encore les locomotives de Bisschweller de celles de tous les autres constructeurs : nous citerons entre autres la plus grande dimension donnée aux roues de l'avant, qui, de la sorte, fatiguent beaucoup moins les rails que les petites roues. Nous avons remarqué également dans la machine exposée que l'eau d'approvisionnement du *Tender* était chauffée par l'excédant de vapeur de la chaudière, au moyen de deux tuyaux en cuivre remplaçant les anciens boyaux en toile ; l'économie résultant d'une pareille distribution est trop évidente pour qu'il soit nécessaire d'en dire davantage.

La locomotive dont il vient d'être question, et qui a été construite entièrement avec du fer français, n'est pas la seule machine que MM. Stehelin et Huber aient à l'exposition ; on y voit aussi une grue hydraulique pour l'approvisionnement des locomotives, dont le prix est de 1,500 fr., et une paire de roues de wagons montée sur son essieu, du prix de 650 fr. Ces deux objets nous ont paru bien établis : seulement le prix de 1,500 fr. est-il peut-être trop élevé ; nous avons vu sur le chemin de Saint-Germain des pompes faisant le service auquel on destine la grue dont il s'agit, leur construction était fort simple, et ne devait pas coûter plus de 2 ou 300 fr.

L'essieu et les roues ajustées et montées chez MM. Stehelin et Cᵉ ont été forgées dans l'établissement de M. Muel-Doublat, directeur des forges d'*Abainville*, (Meuse), dont il sera reparlé dans le paragraphe des métaux.

Long-temps la locomotive alsacienne était demeurée seule de sa famille dans la cour des machines ; elle n'avait de similaire que le modèle parfaitement exécuté par M.

Philippe, pour la démonstration dans les cours de mécanique appliquée; c'est depuis quelques jours seulement qu'une place a été faite pour une locomotive construite au Creusot, et qui nous a paru d'une bonne construction. Nous félicitons avec plaisir MM. les directeurs de cet établissement d'avoir pris de cette manière une revanche de leur machine à vapeur horizontale, qui ne nous paraît pas à beaucoup près aussi louable, ainsi qu'il sera dit plus loin.

Nos premières paroles, à propos des machines à vapeur, ont été l'aveu que celles exposées n'offraient rien de particulièrement remarquable. En effet, nous ne dirons pas les premiers, mais quelques uns de nos premiers et plus célèbres constructeurs de machines à vapeur, dont les produits avaient été admirés et les talents récompensés aux expositions précédentes, n'ont pas jugé convenable de prendre part à celle-ci. Nous citerons particulièrement MM. HALLETTE, d'*Arras*, SUDS, ADKINS et BARKER, de *Rouen*, CAVÉ, de *Paris*, qui ont été honorés de médailles ou de décorations en 1827 et 1834, et qui n'ayant plus rien à obtenir, se sont abstenus de faire constater par le public de 1839 s'ils continuaient à mériter ces récompenses et ces distinctions.

Quoi qu'il en soit de cette absence, les moteurs sont fort nombreux dans les galeries; on en voit de toutes les forces, de tous les systèmes et de toutes les formes; malheureusement, leur mérite ne répond pas, du moins autant qu'il nous a été possible de l'apprécier, à leur quantité.

La valeur réelle d'une machine ne pouvant être connue avec exactitude que par des expériences réitérées et faites dans un travail courant, nous ne pouvons rien dire de positif à l'égard de celles qui gisent inanimées sur le terrain inégal et humide qu'on leur a réservé. Mais en l'absence de ces données si précieuses, il est cependant des principes théoriques sur lesquels repose la construction des machines à vapeur; or, ceux-ci sont toujours vrais, et il est toujours possible de voir s'ils ont été observés : ils vont nous servir de guide dans notre examen critique.

En thèse générale, les meilleures machiness ont celles qui donnent la plus grande force pour la dépense la plus faible ; qui sont solides et en même temps légères ; qui tiennent peu de place, dont toutes les parties sont bien proportionnées, et dans lesquelles les grands frottements sont évités le plus possible.

Les machines à vapeur à basse pression sont plus simples que les autres, les frottements y sont moindres, mais, à force égale, elles sont beaucoup plus grandes, plus lourdes, et la dépense de combustible est considérable (1), ce qui les fait rejeter dans les pays où, comme en France, la houille est à un très-haut prix.

Les machines à haute pression, plus compliquées que les précédentes, sont beaucoup plus économiques; ne consommant d'eau que celle nécessaire à la vaporisation, elles sont beaucoup plus légères et brûlent beaucoup moins de combustible. Ce dernier avantage n'est obtenu, il est vrai, que lorsque la machine est construite avec détente et condensation, car si cette condition n'était pas remplie, la dépense de combustible serait plus forte que pour les machines à basse pression.

Ainsi : *haute pression, détente, condensation*, tels sont les caractères du meilleur système de machines à vapeur;

---

(1) Elles consomment 78 mètres cubes d'eau par heure, pour fournir une quantité de vapeur égale à la force d'un cheval, vapeur qui équivaut à un poids de 75 kil. élevé à la hauteur d'un mètre par seconde. Le combustible nécessaire pour vaporiser 78 mètres cubes d'eau est de 6 à 7 kil. houille. Les machines à haute pression ne brûlent par heure que 4 kil. de houille, et même moins, pour une même force d'un cheval vapeur.

*légèreté, économie de frottements et de matériaux, écono-
mie de place*, sont les conditions d'exécution et de forme;
le prix total de la machine est ensuite peu de chose, parce qu'une fois achetée, on ne la renouvelle pas, ou seulement à de très-longs intervalles; et qu'une économie de
quelques milliers de francs dans les dépenses de premier
établissement ne sont pas à considérer, en comparaison
de la différence de service que rendent une bonne et une
mauvaise machine.

De toutes les machines exposées, celle de M. Saulnier,
ingénieur de la monnaie, est la seule qui nous paraisse réunir les différentes conditions que nous avons indiquées
plus haut. Elle est légère, bien proportionnée, bien construite; le modèle du bâtis est simple; on a diminué le
poids de la fonte en utilisant toute la force de celle employée. C'est, suivant nous, la meilleure machine de l'exposition.

Le même ingénieur a exposé une machine du système
de Bolton et Watt, perfectionnée par lui, et d'une construction également soignée, mais que nous ne compa-
rons pas cependant à la première.

M. Saulnier aîné, frère du précédent, a présenté la
plus grande machine qui soit dans la galerie. Nous ne
savons si ce mécanicien, d'ailleurs fort habile, a cherché
à compenser ce qui manquait à la machine, par la grandeur de ses dimensions (elle est de 35 chevaux), et par
la force inutile de quelques unes de ses parties; mais ce
qu'il y a de certain, c'est que les hommes du métier, qui
ne mesurent pas leurs éloges à la surface des choses, lui
reprochent d'avoir prodigué la matière à son balancier
ainsi qu'aux colonnes, et de l'avoir refusée à la bielle, de
même qu'à l'axe du balancier et à ses supports. Force
écrasante d'un côté, fragilité de l'autre; il y a là des
causes d'usure et d'accident dont on n'a pas tenu un
compte suffisant.

Nous avons vu avec plaisir, à côté de cette masse énorme et disgracieuse, deux petites machines, du système Maudslay (1), d'une bonne exécution. L'une de ces deux machines sort des ateliers de M. FREY, l'autre de chez M. GIRAUDON. Elles se distinguent surtout par l'élégance et la légèreté de leur bâtis, dont le modèle est parfaitement entendu.

M. Eugène BOURDON est peut-être celui de tous nos exposants qui ait fait les plus remarquables progrès depuis cinq ans. Honoré d'une médaille en 1834, pour les ingénieux modèles de machines à vapeur à cylindres en cristal, qui permettent à l'œil le moins exercé d'apercevoir l'objet, et d'observer le jeu de chaque pièce. Cette fois, M. Bourdon ne se contente pas de travailler pour les amateurs et pour les écoliers, il s'est fait complètement industriel, et a cherché à se distinguer d'entre ses confrères en inventant de nouvelles combinaisons ou en perfectionnant celles déjà connues.

L'exposition de M. E. Bourdon se compose de dix pièces différentes. 1° Une *machine à cylindre fixe et à haute pression*, de la force de neuf chevaux, d'un bon modèle, occupant peu de place et dont les pièces sont tellement disposées que la visite et l'entretien sont faciles, sans qu'il soit besoin de démonter aucune pièce importante ; elle se distingue en outre par le remplacement des cordes qui faisaient mouvoir le modérateur, au moyen d'un engrenage beaucoup plus sûr et à l'abri de toute chance d'irrégularité. Cette machine ne consomme que deux hect. et demi de houille par douze heures de travail (2). 2° *Une*

---

(1) On sait que les machines du système Maudslay n'ont pas de balancier. Au dessus de la force de 10 chevaux, on doit leur préférer les machines munies de balancier.

(2) On ne doit pas oublier que les machines au dessous de 10 chevaux, ont une surface de chauffe moins considérable que les grandes machines, et une déperdition de calorique par les parois du fourneau plus grande ,

machine à cylindre oscillant. Bien que nous ne soyons pas, en principe, partisans de ce système dans lequel les frottements sont nombreux ainsi que les causes d'ébranlements, nous avons remarqué dans celle de M. Bourdon une simplicité extrême, genre de mérite qui n'est pas à dédaigner et que celle-ci possède au premier degré, puisqu'il suffit d'un dé en pierre et de cinq boulons pour l'exposer. Le mouvement du tiroir qui distribue la vapeur est parfaitement entendu, ainsi que la disposition de tous les accessoires qui, sans être entassés, tiennent cependant fort peu de place. 3° *Une machine à cylindre renversé*, différant de la précédente par la position du cylindre qui oscille comme un pendule, ce qui prévient une partie des frottements et la courbure du piston. Le volent est placé en bas, de sorte que la machine est moins élevée, ce qui le rend très-commode pour les localités où l'on manque de hauteur. 4° *Une machine à vapeur sur chariot, locomotive et locomobile.* La machine, la chaudière, le fourneau, le tinder contenant l'eau d'alimentation et le combustible, la pompe alimentaire et une forte pompe d'arrosage et d'épuisement, sont réunis sur le même chariot et dans un très-petit espace (environ sept pieds de long sur quatre de haut et trois de large, force d'un cheval et demi). Ce nouveau moteur peut être très-utilement employé en agriculture pour l'arrosage des prairies et l'épuisement des eaux qui les recouvrent accidentellement; pour l'exploitation des bois et des petites carrières et mines, ou la mise en mouvement d'un moulin, d'une scierie ou d'une râpe à betteraves. Nous attendons avec confiance le jugement que les expériences faites dans un avenir pro-

---

ce qui nécessite l'emploi d'une plus grande quantité de combustible; c'est pour cela que nous insistons sur le chiffre de 2 hectol. et demi, qui ne serait qu'ordinaire pour une machine de 20 chevaux, mais qui est remarquable pour une de 5.

chain réservent à cette ingénieuse machine. 5° *Une presse hydraulique appliquée à la fabrication du vermicelle*, dont il sera parlé lorsque nous nous occuperons de ce genre de machines ; 6° *Modèle de deux machines accouplées pour bateaux à vapeur.* Ce système modifié tient très-peu de place en longueur dans la coque du bateau, ce qui permet d'augmenter la place réservée aux voyageurs. Par un moyen très-simple, sans débrayage et en tournant un seul robinet, on peut renverser le mouvement des roues et faire rétrograder le bateau avec la plus grande facilité. Cet avantage et celui qui résulte de l'économie de place sera, nous n'en doutons pas, vivement senti par les entreprises de bateaux à vapeur dont le nombre s'accroît chaque jour et doit augmenter encore. 7° *Modèle de machine à vapeur* à cylindre en cristal, pouvant marcher par la vapeur comme si toutes les pièces étaient en métal. 8° *Modèle de presse hydraulique* à cylindre en cristal pouvant exercer une pression égale à 100 kilogrammes. 9° *Modèle en miniature de la machine à haute pression* de cinq chev. pouvant marcher par la vapeur. 10° *Modèle du frein dynamométrique* (1) de M. de Prony, perfectionné par M. Morin, de Metz, exécuté au cinquième de sa grandeur pour le cours de mécanique de l'école Polytechnique.

L'école royale des Arts et métiers de Châlons expose aussi un modèle de machine à vapeur, à cylindre en cristal, qui a de si nombreux traits de ressemblance avec celle que M. Bourdon avait présentée il y a cinq ans, qui, sauf un cylindre ajouté, elle semble en être la contrefaçon. Imiter ainsi, ce n'est pas progresser ; que M. le directeur y songe, et en dirigeant dans une autre voie l'activité et

---

(1) Instrument qui sert à mesurer, avec la plus grande exactitude, la force des moteurs de tout espèce.

l'intelligence de ses élèves, il réussira mieux, nous espérons. Le reste de son exposition en est d'ailleurs la preuve, et nous ne pouvons que louer les modèles de métiers à filer et de défeutreur double, simple et de petite réunion, bien qu'ils semblent encore avoir quelque lien de parenté avec les modèles du même genre exposés en 1834 par M. Philippe.

Quant à l'école d'Angers, à laquelle le jury de la dernière exposition faisait l'aumône d'une médaille de bronze accompagnée de paroles sévères, elle semble n'avoir reçu que la première et pas entendu les secondes ; rien, en effet, n'est aussi mauvais à l'exposition que sa petite machine à vapeur, si ce n'est la grande de seize chevaux. Nous n'avons jamais été bien convaincus de l'utilité que l'industrie retirait des écoles d'Arts et métiers ; ce que nous voyons de leurs produits depuis quinze ans n'est pas de nature à nous former une opinion plus favorable. Nous devons dire cependant, pour être juste, que le tour en l'air et le tour à l'archet exposés par l'école d'Angers sont d'une bonne exécution. Mais est-ce bien par de semblables travaux que l'on formera de bons contre-maîtres, et d'abord peut-on former des contre-maîtres dans une école ?

Nous avons déjà beaucoup parlé des machines à vapeur, et cependant il en reste encore un grand nombre dont nous n'avons rien dit. Mais que dire aussi, après avoir posé des principes comme ceux qui précèdent, de la *machine horizontale* construite au Creusot, et dont le piston, au lieu de jouer librement dans le cylindre, pèse nécessairement de tout son poids contre la paroi inférieure, et s'use en même temps que le cylindre ? Quels éloges donner à la machine de M. Pauwels, dont la bielle devrait avoir une longueur double de la longueur de la course du piston et qui atteint à peine à la moitié ? que dire de la machine de M. de Wilde d'Arras, dont le balancier et la bielle sont si disproportionnés entre eux ; et de cette foule de machines oscillantes, autrefois recherchées pour leur économie première, puis abandonnées pour leur mauvais service ? Si cette économie de premier établissement n'était pas le plus souvent une forte dépense, puisqu'au bout de peu de temps il faut abandonner la machine, on ne pourrait mieux faire que d'adopter le système de M. Delaveleye, *de Dijon,* qui s'engage à fournir des machines de toute force au prix de 400 fr. par cheval ; certes ce n'est pas cher ; quant à la qualité, nous ne pouvons rien garantir, nous disons seulement que le système est d'une grande simplicité ; maintenant n'y a-t-il pas une grande perte de vapeur et de combustible ? C'est ce que nous craignons, sans toutefois l'affirmer.

Nous ne terminerons pas ce paragraphe sans entrer dans quelques détails relativement aux pièces exposées par M. Mayer et compagnie, de *Mulhouse.* Elles sont au nombre de trois : 1° un *modérateur,* 2° une *prise de vapeur par le trou d'homme,* 3° un *indicateur du niveau d'eau dans la chaudière ;* les deux dernières sont les plus importantes. La société industrielle de Mulhouse, si bon juge dans toutes les questions de mécanique et de chimie industrielle, a donné son approbation à ces deux machines dont l'une prévoit tous les besoins de l'avenir, disposant au collet ou tubulure du trou d'homme (1), qu'il élève ainsi au dessus de la chaudière un certain nombre de robinets auxquels peuvent s'adapter autant de conduits de vapeur pour tous les emplois possibles, ce que l'on n'obtenait jusqu'ici qu'en faisant des percées dans la chaudière même dont on diminuait ainsi la solidité. Il serait à désirer que cette disposition fût appliquée à tous les générateurs de vapeur.

---

(1) Ainsi nommé parce qu'il donne passage à l'ouvrier chargé de faire disparaître les dépôts calcaires qui se forment dans les chaudières et adhèrent à leurs parois.

L'instrument que nous avons désigné sous le nom d'indicateur du niveau de l'eau dans la chaudière est de la plus haute importance. On sait que la cause la plus ordinaire des explosions de chaudières à vapeur provient de ce que dans les moments de grand feu la vaporisation étant très-rapide, le niveau de l'eau baisse sensiblement dans la chaudière dont la partie des parois qui se trouve momentanément au dessus du niveau rougit rapidement et éclate lorsque l'eau froide se trouve projetée dans la chaudière par la pompe d'alimentation. Pour prévenir ces graves accidents qui ont compromis tant de fois la vie des ouvriers, et, dans les bateaux à vapeur, celle des passagers, comme on l'a vu sur la Loire, il y a deux ans, on avait songé à construire une machine qui, étant mise en communication avec la chaudière, indiquât toujours le niveau d'eau, comme le manomètre indique la tension de la vapeur. M. Loyau fut le premier qui établit une machine dans ce but, malheureusement les dépôts calcaires que les chaudières contiennent en si grande abondance ternissaient en peu de jours les cylindres en cristal dans lesquels on devait vérifier le niveau, et toute observation devenait impossible. C'est alors que M. Mayer, s'emparant de la machine de M. Loyau, excellente d'ailleurs dans son principe, la perfectionna en introduisant par le haut des tubes et au moyen d'un assez long conduit, de la vapeur prise dans la chaudière, et qui, en se condensant dans ce conduit, retombe en gouttelettes sur l'eau indicatrice du niveau, l'empêche de s'élever par le bouillonnement au dessus du niveau vrai, et précipite les dépôts calcaires. C'est en cet état d'amélioration que la machine de MM. Loyau-Mayer, pour associer ensemble ces deux noms honorables, rend chaque jour de nombreux services en prévenant des dangers imminents.

Cette question était trop grave et la solution trop intéressante, pour qu'on doive être surpris de voir plusieurs mécaniciens s'y consacrer en même temps ; aussi n'avons-nous éprouvé aucun étonnement de voir à l'exposition plusieurs machines établies dans le but que nous venons d'indiquer, et destinées au même service. A côté de MM. Hoyau et Meyer d'Alsace, c'est M. *Chaussenat* qui vient se placer ; nous laisserons au jury la tâche difficile de décider entre eux, et à ce qui précède nous ajouterons les titres du nouveau concurrent.

La force irrésistible de la vapeur à laquelle on n'offre pas d'issue par le moyen de soupapes sensibles et d'un jeu toujours facile, et l'abaissement du niveau de l'eau étant reconnus comme les causes inévitables de toutes les explosions de chaudières, voici comment M. Chaussenat a cherché à connaître celui-ci et à céder à celle-là. En premier lieu il a construit des soupapes véritablement de sûreté, dont les parties des surfaces horizontales qui se trouvent en contact sont, ainsi que celles de la tubulure, et quoique fermant par juxtaposition et sans conducteur, réduites à moins d'un millimètre d'épaisseur, de sorte qu'elles échappent à toute adhérence, vice ordinaire des anciennes soupapes, et à l'influence de la pression atmosphérique. Quand à son levier, il est isolé et fonctionne librement en tournant sur des pointes, ce qui lui donne une extrême mobilité, et annulle pour ainsi dire toute espèce de frottement. La boîte qui renferme la soupape est fermée par un cadenas ou par un scellé ; la vapeur que la soupape laisse échapper se répand sans inconvénient par une large tubulure pratiquée au fond de la boîte, de manière à n'exercer aucune pression inverse sur la surface extérieure de la soupape. — Pour ce qui est du niveau de l'eau, M. Chaussenat est d'avis que les indicateurs à tubes de verre et les robinets *jauges* sont insuffisants, en ce sens qu'ils n'avertissent pas d'eux-mêmes, et qu'il est nécessaire de les consulter, ce qui laisse entières toutes les chances d'inattention et de malveillance ;

et encore en ce qu'ils ne montrent pas toujours l'état réel du niveau par l'effet des oscillations des chaudières mobiles. C'est à ces indicateurs imparfaits que M. Chaussenat propose de substituer un *flotteur indicateur* d'une construction nouvelle et exempt des défauts qui ont fait successivement rejeter tous les instruments inventés et reconnus jusqu'ici. Dans cette machine, un fil mécanique d'un très-petit diamètre communique d'un côté avec le flotteur et de l'autre avec l'indicateur. Ce fil ainsi affaibli n'éprouve presque aucune résistance en passant dans la boîte à étoupes ; et l'axe du balancier après lequel est fixé le flotteur, tournant librement entre les côtés de la chappe qui le suspend dans la chaudière, donne à cet appareil toute la mobilité désirable. Le tableau indicateur porte une échelle divisée ; on le place sur les chaudières de manière à ce que les chauffeurs puissent le voir, et à bord des navires il se répète sur le pont de manière à ce que les officiers puissent vérifier l'état des chaudières sans descendre aux fourneaux. Mais comme, dans certains cas, l'indicateur pourrait n'être pas consulté, M. Chaussenat a imaginé de disposer le levier à l'extrémité duquel le flotteur est fixé de manière à ce qu'il ait une action puissante pour ouvrir et fermer une soupape du modèle dont nous avons parlé, et qui se trouve rapprochée de son point de rotation. Lorsque le niveau de l'eau est convenablement élevé, le flotteur est pressé de bas en haut et appuie fortement la soupape contre la tubulure, pour la fermer hermétiquement ; mais dès que le niveau s'abaisse à la ligne correspondante au point où le flotteur se trouve en équilibre avec le volume d'eau qu'il déplace, il ouvre progressivement la soupape pour laisser échapper la vapeur qui se dirige vers les ouvertures de plusieurs sifflets, produit un bruit qui devient de plus en plus intense, et prévient au loin que le niveau a dépassé les limites qu'il devait observer. Si, malgré cet avertissement, des causes volontaires ou accidentelles venaient empêcher le prompt rétablissement du niveau et le laissait encore diminuer davantage, on pourrait diriger la vapeur soit sur le foyer, soit dans les carnaux, en sens inverse du courant d'air : ce qui ralentirait progressivement la combustion et finirait enfin par la faire cesser entièrement. Depuis plus d'une année cet appareil est appliqué à une machine de 15 chevaux, et il a toujours conservé sa précision et son exactitude : tels sont les titres de M. Chaussenat.

Nous avons dit plus haut que les machines hydrauliques et mixtes étaient pour ainsi dire les seules dans la collection des moteurs exposés, qui offrissent un intérêt de nouveauté. Peut-être une autre expression eût-elle été plus juste, mais nous n'avons pas cru d'un autre côté qu'il fût convenable à nous de prononcer un jugement sur les importantes théories physiques soumises en ce moment aux hommes éminents de l'Académie des sciences et qu'ils n'ont pas cru devoir résoudre encore d'une manière définitive.

De toutes ces machines, celle qui jusqu'ici à réuni la sanction d'un certain nombre d'expériences, les suffrages de savants éclairés, est la *turbine* de M. FAURNEYRON, dont les journaux ont trop souvent donné la description et expliqué le mécanisme, pour qu'il soit nécessaire de recommencer ici. A saint Maur, près de Paris ; à Gisors, chez M. Davilliers, cette machine fonctionne avec de grands avantages et fait obtenir une plus grande somme d'effets utiles d'une même masse d'eau. A Metz, M. le capitaine Morin s'est livré à de nombreuses expériences qui ont fait le sujet de plusieurs mémoires vérifiés ici par M. Arago et approuvés par l'Académie. Certes ce sont là de beaux et honorables témoignages, mais tout n'est pas dit encore cependant ; il paraîtrait que le nouveau moteur n'est pas applicable pour tous les emplois auquel on l'avait cru bon ; peut-être trouvera-t-on moyen de le perfec-

tionner encore : *c'est ce que nous ne pouvons prévoir,
mais ce qui cependant est possible.*

Si de la turbine nous passons aux *machines rotatives*,
notre embarras deviendra plus grand encore. M. Pecqueur, déjà honoré de *quatre médailles d'or* pour ses
utiles inventions en expose une que ses antécédents nous
engagent à croire bonne, mais que nous n'avons pu étudier, cachée qu'elle est dans son enveloppe métallique.
Nous en dirons autant de la machine de M. Pelletan,
pour laquelle certaine feuille n'a pas assez d'éloges, et que
nous ne pouvons pas juger plus que la précédente, ce qui
nous détermine à les renvoyer toutes deux, non pas devant le jury qui n'y verra guère plus que nous, mais
devant l'Académie des sciences, seul tribunal compétent
dans ces sortes de questions.

MACHINES, MÉTIERS, MÉCANIQUES

ET INSTRUMENTS

Destinés à la préparation, à la filature, au tissage et à l'apprêt
du lin, de la soie, de la laine et du coton.

Banc à broches de M. A- Koechlin et compagnie, de
Mulhouse. Cette machine, dont on connaît l'immense
utilité dans la préparation du coton avant la filature en
fin, est d'un grand modèle ; elle compte 156 broches fi-
lant avec une régularité parfaite du n° 37 m/m, ce que
l'on n'avait pas encore obtenu. La construction de cette
machine se distingue par une grande légèreté et par
l'emploi exclusif du fer, de la fonte et du cuivre. Il n'y
entre pas un seul morceau de bois, les ajustements y sont
tous en fonte sur fonte. On remarque également que
toutes ces cordes qui faisaient mouvoir les broches sont

remplacées par des engrenages, et que presque tous ceux-ci sont hélicoïdes au lieu d'être droits, ce qui donne beaucoup plus d'exactitude, permet de faire faire aux broches 8oo tours à la minute au lieu de 45o, et donne du fil en conséquence.

Les mêmes constructeurs exposent un métier à tisser mécanique à 9 marches, ainsi que le modèle d'un nouvel *encliquetage* à effet gradué, exempt de toutes les secousses brusques du système à rochet.

Cette machine, qui n'est encore, si l'on peut dire, qu'à l'état d'embryon, a été inventée par M. E. SALADIN, ingénieur attaché à la maison Kœchlin; elle a été appliquée par lui à une petite machine à lever les fardeaux, comprise également dans la riche exhibition de la maison Kœchlin, ainsi que dans ses métiers à filer et à tisser.

A côté du banc à broches dont il vient d'être question, on remarque un magnifique métier à filer en fin, précieux surtout dans les pays où, comme en Angleterre, en Alsace, à Gand, la filature est très-perfectionnée et l'usage des machines compliquées très-répandu. — On comprend cette nécessité en songeant que ce métier, nommé *self-actor*, agit seul ainsi que son nom l'indique, et sans le secours de la main du fileur pour tirer ou repousser le métier, imprimer le mouvement à la manivelle et guider la baguette qui règle l'envidement régulier du fil autour de la broche, c'est-à-dire la formation de la bobine. — On conçoit facilement l'avantage d'une semblable machine qui supprime l'ouvrier le plus habile, soit le plus coûteux, et borne le personnel à de simples rattacheurs et balayeurs, payés de 15 à 3o sous par jour, au lieu de 6 francs. Mais il faut ajouter à ceci que, pour arriver au résultat qui vient d'être constaté, il a fallu multiplier les rouages dans la machine, c'est-à-dire les cas de dérangements et par conséquent le concours du contre-maître mécanicien. C'est bien, si l'on veut, l'emploi de l'intelligence de l'homme sub-

stituée à celui de la force physique, c'est un degré d'avance-
ment de plus pour nos travailleurs, mais on conçoit qu'ils
ne pourront y aspirer que là où ils auront pu acquérir les
connaissances spéciales nécessaires, ce qui revient à dire,
comme en commençant, que le *self-actor* est la machine
des industriels habiles et des pays avancés, et non pas celle
des néophytes de la religion dont Highs Hartwrigh et
Cromplon ont été les apôtres. Comment ajouter au
reste que le mécanisme propre au *self-actor* et qui s'applique à tous les métiers ordinaires, se démonte aussi facilement, ce qui remet ce dernier dans son état primitif.

M. N. Kœchlin, qui a bien voulu nous accompagner
dans notre visite, et nous expliquer lui-même le mécanisme des machines exposées par son parent, A. Kœchlin,
est d'avis que les constructeurs français peuvent faire
mieux en certains cas, aussi bien dans tous, et enfin à un
prix égal, que les constructeurs anglais les plus habiles.
Depuis vingt ans que l'on fait en France de l'industrie sur
une grande échelle, bien des capitaux ont été amortis,
bien des ateliers se sont montés et ont complété leur outillage. Ce que les Anglais ont d'avantage sur nous pour
les matières premières, nous l'avons sur eux pour la main
d'œuvre, et l'on peut ajouter que partout où nos usines
sont mues par des moteurs hydrauliques et placées à portée des moyens de transport, la supériorité d'économie est
pour nous. Enfin on peut dire que, à part quelques constructeurs anglais en très-petit nombre, qui travaillent parfaitement bien et dans tous les temps, la majorité de
leurs confrères néglige beaucoup leurs produits ordinaires, toute leur attention étant portée uniquement sur
les machines à peigner, filer et tisser le lin, qui font en
ce moment l'objet de l'attention de tous les industriels.

M. Th. TAILLADE, de *Thanné* (Haut-Rhin), expose un
grand nombre de machines d'une bonne exécution. Nous
avons vu de lui des cardes doubles, des bancs à broches

et des métiers à filer. Dans les cardes nous avons remarqué le remplacement de tous les cylindres en bois, susceptibles de perdre leur régularité première, par des cylindres en stuc. Dans les bancs à broches comme dans ceux de M. Kœchlin, les engrenages hélicoïdes ont été substitués aux engrenages droits. Enfin, dans les métiers à filer, le mouvement est transmis aux tambours sur lesquels s'enroulent les cordes qui mettent les broches en action, par des engrenages également hélicoïdes, qui remplacent avec beaucoup de supériorité les longues cordes sans fin d'autrefois, soumises à des allongements et à des retraits alternatifs, suivant le degré de température et l'usage ; elles étaient, par exemple, très-tendues le matin avant le travail, et très-lâches dans la seconde partie du jour, ce qui ralentissait la vitesse des broches de plusieurs tours par minutes, et devenait ainsi la cause d'une grande irrégularité dans le fil.

M. Taillade nous a fait remarquer que ses plaques de carde étaient en cuir double, les deux faces inférieures collées l'une sur l'autre, ce qui donnait beaucoup plus de solidité et de durée ; M. Risler de Cernay est l'inventeur de ce procédé pour lequel il a pris un brevet et dont il expose séparément les résultats.

Nous avons également vu dans le métier à filer de M. Taillade l'application d'une découverte importante due à M. J. Hermann, de Bitschwiller (Haut-Rhin), et qui consiste à tremper les broches au collet et au pivot, c'est-à-dire aux deux parties de la broche qui fatiguent le plus.

Jusqu'ici il avait été impossible d'obtenir ce résultat, et l'on sait qu'il n'y avait pas moyen de songer à faire tremper les broches en entier, car alors on aurait perdu un point essentiel, la perfection de leur dressage, qui eût été dérangé par la trempe et cela sans aucun remède. Les filateurs de l'Alsace, que l'on peut donner en modèle à leurs confrères de tous les pays, avaient si bien compris l'utilité du procédé de la trempe aux endroits de fatigue, que la société industrielle de Mulhouse avait fondé un prix pour la fabrication des broches trempées sans cesser d'être droites. Le prix est resté offert 5 ou 6 ans sans que personne pût y élever des prétentions légitimes, c'est l'année dernière seulement que M. J. Hermann a terminé ses essais et présenté au concours des broches semblables à celles qu'il expose aujourd'hui, et qui lui ont valu de la part des juges les plus sévères et les plus compétents une récompense qui lui assure des droits à l'attention du jury parisien.

La maison N. Schlumberger et compagnie, de *Guebwiller* (Haut-Rhin) expose les pièces d'un métier à étirer d'un étaleur et d'un banc à broches à filer le lin ; ces machines qui, sauf la dernière, ne nous ont pas paru complètes (peut-être en a-t-on agi ainsi afin de ne pas donner un modèle parfait à des concurrents qui sont restés sous la tente, et réservent pour les luttes sérieuses du commerce les secrets de leurs ateliers), sont notamment le banc à broches d'une exécution au dessus de tout éloge ; c'est du meilleur système anglais, travaillé avec autant de soin et de fini que les meilleurs constructeurs étrangers. Nous aurions désiré voir cette partie de l'exposition des machines plus complète ; quoi qu'il en soit, ceux qui sont venus ont assez bien fait pour mériter des encouragements.

Nous ne terminerons pas cet examen des machines du Haut-Rhin, sans mentionner comme ils doivent l'être ; les machines et métiers à filer de MM. Sheibel et Loos, et la belle machine de MM. Huguenin et Ducommun, pour la gravure et le guillochage des cylindres en cuivre employés pour l'impression des étoffes et du papier : ces messieurs marchent de pair avec leurs compatriotes.

L'Alsace a dans Paris une rivale digne d'elle en fait de construction de machines, et l'embarras est grand lorsqu'il s'agit de décerner la préférence. Cette tâche est celle du jury, nous ne l'usurperons pas, et nous nous bornerons à produire les titres des deux adversaires avec toute l'exactitude que les limites de nos connaissances nous permettront d'atteindre.

L'une des premières machines qui s'est offerte à nous est un banc à broches de M. PIHET, destiné à la filature de la laine. Il y avait long-temps déjà que l'on avait songé à appliquer à la laine l'idée-mère du banc à broches employé depuis long-temps pour le coton ; mais jusqu'ici l'on n'avait pu vaincre la difficulté résultant du gonflement et de la détorsion de la laine, du moment où elle cesse d'être fortement serrée entre des cylindres. M. Pihet, paraît avoir trouvé la solution du problême, puisqu'il expose un banc à broches dans lequel comme dans toutes les machines du même genre, le ruban qui sort des cylindres parcourt une assez longue distance avant de passer par la gorge des ailettes qui jouent sur les broches et règlent l'envidement sur les bobines. M. Pihet a donné depuis 1827, époque où il a déjà été si honorablement remarqué par le jury, trop de preuves de son mérite pour que l'on puisse croire qu'il aurait exposé, sous l'autorité de son nom, une machine soumise à des conditions toutes spéciales, sans que ces conditions fussent complètement remplies. — C'est ce que l'expérience seule peut apprendre : aussi serions-nous désireux de savoir si ce banc à broches, ou tout autre semblable a fonctionné, et quel résultat il a donné.

Non loin de la machine de M. Pihet est le peigneur de M. J. COLLIER. Cette machine qui travaille depuis long-temps donne toujours les meilleurs résultats. Ses deux principales pièces, les grandes roues armées de trois rangs de longues aiguilles en acier, placées obliquement et en sens inverse l'une de l'autre, piquent non moins vivement la curiosité du public que la main des curieux imprudents qui se permettent d'y toucher. Cette machine d'importation anglaise a été perfectionnée par M. Collier qui, au lieu de placer *horizontalement* les cylindres d'étirage par lesquels la laine passe en sortant des dents des deux grandes roues, leur a donné une position inclinée, et formant un angle égal à celui de la roue à la circonférence de laquelle ils sont tengeants. Cette simple modification a changé tous les résultats; la laine, qui se trouvait autrefois inégalement tirée, ce qui altérait la qualité du fil et lui retirait de sa force, est, au moyen de ce parallélisme parfait, d'une force toujours égale et ne contient pas de brins énervés. C'est là un perfectionnement acquis dont l'importance est aussi grande que sa simplicité.

Madame veuve COLIER expose une machine à laver la laine qui offre sur celles déjà connues l'avantage de la suppression du bras presque complète du lévier, qui, au lieu de s'étendre au loin, n'excède pas maintenant une longueur de plus de deux pieds. Cette économie de place et de matière, qui rend la machine plus légère et plus facile à transporter et à placer, n'a pas été achetée aux dépens de la force, qui est très-grande au contraire, mais a été obtenue par le moyen de combinaisons très-simples et très-ingénieuses; elle est du prix de 600 francs. La même maison envoie encore une machine à tondre les calicots, 5/8 et un cylindre de machine à tondre des laines ; ce cylindre présente, par rapport à celui employé par M. GAVAUX, dans sa machine à tondre deux pièces à la fois, cette différence que les lames sont mobiles et retenues seulement pardessus, ce qui permet de les changer isolément ; tandis que, dans la tondeuse de M. Gavaux, on ne peut toucher à une lame sans démonter tout le cylindre, ce qui entraîne des pertes de temps toujours fâcheuses, surtout en industrie : cette dernière machine est d'ailleurs bien construite.

De quelque intérêt que soient les divers perfectionnements apportés depuis 1834 aux agents mécaniques dont il vient d'être question, on conçoit facilement que l'attention publique s'en soit moins préoccupée que des quelques très-rares machines destinées à la filature du lin. C'est qu'en elles en effet réside la solution du plus grand et du plus difficile problème des temps actuels, l'épreuve décisive de tout un système économique, le dernier mot de la lutte entre les hommes et les capitaux. Ce que l'on demande aux machines à filer le lin ; ce n'est pas seulement qu'elles fassent mieux que les doigts de nos fileuses, mais encore qu'elles fassent d'une manière assez économique pour que la consommation augmente dans une proportion telle que les malheureuses femmes destituées de leur antique industrie, troquent avec avantage leur vieux rouet et leurs fuseaux pour la surveillance des nouvelles machines. Ce qu'on leur demande encore, c'est que tout le profit qu'elles doivent procurer, ne demeure pas la part exclusive des entrepreneurs assez riches pour les acheter. C'est enfin que, comme le plus grand nombre de celles qui les ont précédées, elles ne donnent pas pour résultat l'anarchie d'une concurrence homicide à l'égard des individus, ruineuse à l'égard des capitaux.

C'est avec regret que nous le disons ici, mais tous les constructeurs français n'ont pas également compris quelle était la mission qu'ils avaient à remplir dans cette circonstance ; quelques uns, et des plus marquants, se sont complètement abstenus d'entrer dans la lice ; d'autres n'y ont paru qu'à demi armé afin qu'on ne pût connaître toute leur force ; un seul peut-être a mis toute la franchise désirable, et encore n'a-t-il pas exposé un système entier mais seulement une machine ; cela sans doute faute de place suffisante.

Quant à ceux qui se sont renfermés sous leur tente, nous ne leur adresserons ni reproches ni blâme ; nous penserons seulement qu'ils ont agi par prudence, et que, dans la crainte de dévoiler leur faiblesse ou l'âge et l'imperfection des systèmes qu'ils suivent, ils ont préféré ne rien exposer aujourd'hui, et se réduire un instant au rôle d'observateurs avant de jouer celui de copistes. Le Mémorial du commerce à déjà fait connaître dans l'analyse de l'enquête sur les lins qu'il a publiée l'année dernière (p. 362,398,474, t. ii, année 1838-39), les prétentions de l'un de ces mécaniciens établis à Paris, qui ne voulait pas permettre aux fabricants auxquels il vend ses machines de les reproduire, à moins de lui payer une prime ; le même constructeur, que les documents officiels désignent comme le plus habile et étant le plus complètement organisé pour livrer immédiatement des machines dont le prix ne devait pas être plus élevé à l'époque où nous sommes que celui des meilleures mécaniques anglaises, ce mécanicien , disons-nous, est l'un de ceux qui s'est abstenu de concourir. A son défaut et à celui de ses confrères aussi prudents ou aussi défiants que lui, il s'en est trouvé deux qui, avec une générosité expliquée d'ailleurs par la supériorité de leurs machines, n'ont pas craint de livrer au public leurs modèles les plus nouveaux et les plus parfaits. Nous avons déjà parlé du banc à broches et des pièces du métier à filer exposés par la maison N. Schlumberger et compagnie, de *Mulhouse ;* nous allons nous occuper du banc à broches de M. Debergue.

M. H. J. Debergue se distinguait aux expositions de 1827 et de 1834 par de nombreux métiers à filer la laine et le coton ; et à tisser le lin, le chanvre, la laine, la soie et le coton; chaque fois la perfection de ses produits, l'utilité de ses inventions lui valurent la médaille d'argent. Il se montre aujourd'hui l'un des premiers à entreprendre la construction des machines nécessaires à la préparation et à la filature du lin. L'absence de modèles convenables était un obstacle difficile à vaincre, il n'a reculé devant aucun sacrifice pour se procurer les meilleures machines du premier constructeur de Leeds, M. Fairban, et pour munir ses ateliers des mêmes outils et pour ainsi dire des mêmes ouvriers. Le résultat de tous ces sacrifices et de toutes ces peines a été un succès aussi entier qu'il était possible de le désirer, à ce point même que des ingénieurs anglais, très au fait de la confection de ces machines, sou tenaient, il y a peu de jours, que M. Debergue avait exposé, non pas sa machine, mais le modèle qu'il avait suivi ; erreur d'autant plus honorable pour M. Debergue , qu'il pouvait montrer chez lui la machine anglaise que l'on prétendait reconnaître dans la sienne.

Pour les personnes qui connaissent les différentes pièces dont se compose un assortiment de préparation et de filature, le banc à broches exposé par M. Debergue est une preuve suffisante qu'il pourra faire toutes les autres machines, puisque celle-là est la plus difficile de toutes, la plus compliquée, celle dont les ajustements demandent le plus de soin et de précision. Quelques individus exigeants auraient aimé peut-être à voir l'assortiment complet : le manque de temps et de place s'y est opposé. Nous devons, dans tous les cas, remercier M. Debergue de ce qu'il a fait en songeant à ce qu'il peut faire, et nos éloges doivent être d'autant plus complets qu'il est arrivé à ce résultat par ses seuls efforts, sans aucun encouragement officiel, pas même la remise des droits d'entrée des modèles.

Cette exposition et celle de M. N. Schlumberger et C. sont à notre avis un argument victorieux contre les demandes incroyables de quelques filateurs français , qui, à peine engagés dans une lutte avec l'Angleterre, pour laquelle ils ont par privilége une matière première nationale, abondante et supérieure en qualité, des machines aussi parfaites, viennent dès les premiers pas et le lendemain d'une victoire qu'ils remportent chaque jour, demander une protection qui leur est inutile, à laquelle ils n'ont pas droit, et qui n'aurait d'autre résultat que de détruire l'industrie de la filature à la main au profit des capitaux intelligents qui cherchent à s'emparer du monopole de la filature mécanique, dont l'unique résultat serait dès lors de spolier l'ouvrier en lui arrachant son travail et son pain, pour grossir d'une obole les caisses déjà gonflées des grands filateurs. Cette question reviendra naturellement lorsque nous aurons à nous occuper des fils et tissus de lin ; nous ne négligerons pas de l'examiner de nouveau.

Le banc à broches à lin, dont il vient d'être question, n'est qu'une des six machines exposées par la maison H. Debergue et Spréafico. Nous avons remarqué également, 1° *un métier à tisser le lin et le chanvre*, semblable à ceux en usage dans plusieurs fabriques, et qui donnent des produits dont le placement s'effectue à des prix supérieurs à ceux qu'obtiennent les toiles de même qualité, tissées à la main ou sur les métiers anglais. 2° *Un métier mécanique à tisser les draps*, qui donne une étoffe plus régulière et plus unie que les métiers ordinaires, et permet de faire un nombre illimité de pièces, toutes égales en force et en poids ; qui produit $^1/_3$ de plus que le meilleur métier à main, conduit par le plus habile ouvrier, et remplace ceux-ci, dont le salaire est toujours élevé, par des femmes et des enfants de 14 ou 15 ans, capables de conduire jusqu'à deux métiers (1). 3° *Une machine à faire les cannettes*, qui donne, sous la surveillance d'une seule ouvrière, 48 cannettes d'une régularité que la main de l'homme ne peut atteindre, et qui est précieuse pour la perfection des lisières et l'économie des déchets. Les can-

(1) Une expérience de plus d'une année, faite dans les ateliers de MM. Honguet, Teston et compagnie d'Elbeuf, a démontré ces différents avantages du métier H. Debergue, dont le prix est de 1,200 fr. en deux aunes et demie de large, 1,100 fr. en deux aunes, et 1,000 fr. en une aune et demie.

nettes ainsi préparées sont également bonnes pour le tissage à la main comme pour le tissage mécanique. 4° Et 5° Une machine à couper le papier et une presse hydraulique dont il sera reparlé plus loin.

L'industrie des soies, si importante en France où elle devient de plus en plus nationale, a peu occupé les méditations de nos mécaniciens, et la plus grande partie de ceux qu'elle a inspirés se sont particulièrement attachés à modifier le système de Magnanerie, proposé par M. Darcet. L'exposition est assez riche sous ce rapport, du moins s'il faut en juger par la quantité ; quant au mérite propre à chacune de méthodes de délittement et de montage des vers, nous laisserons à de plus compétents que nous, aux éleveurs du midi, du nord et de l'ouest, par exemple, le soin de prononcer dans cette circonstance.

Le public n'ignore pas que malgré le talent et l'activité des industriels lyonnais, stéphanois, nimois, etc., notre ancienne supériorité dans l'industrie sétifère a reçu de rudes échecs et rencontré de redoutables concurrents dans les fabricants anglais, munis de bonnes machines à dévider et à mouliner la soie, presque inconnues en France, et sans lesquelles on n'a qu'un fil irrégulier, rempli de bourre qui gâte l'étoffe et fait beaucoup de déchet. Deux Piémontais, MM. Vigezzi-Riva et Dominelli, et un Français, M. J. Bourcier, se sont occupés de combler ces lacunes, au moyen de mécanismes simples, comme cette industrie (qui s'exerce souvent dans les campagnes) l'exige, et sûrs dans leurs résultats comme les rigueurs et les nécessités de la concurrence le commandent. Les premiers ont exposé une machine pour le moulinage de la soie, tellement combinée que la croisure des fils nettoie la bourre et que les fils cassés se rattachent d'eux-mêmes ; d'un autre côté les engrenages qui commandent toute la machine, depuis les cylindres des dévidoirs jusqu'aux bobines isolément, permettent d'avoir des soies d'une torsion toujours égale et au degré voulu.

Pour ce qui est du métier à filer la soie de M. J. Bourcier, il réunit à nos yeux plusieurs avantages : celui de donner une filature parfaite, de diminuer considérablement les déchets, de mettre à l'abri des inconvénients attachés à l'inexpérience de la fileuse ; avantages qui se résument par l'augmentation de produit de 242 fr. 20 c. pour le travail d'une bassine pendant une saison de quatre-vingt jours, et qui s'obtiennent par l'application du croiseur mécanique de M. J. Bourcier, dont le prix n'est que de 15 francs, ce qui en permet l'acquisition aux plus humbles éleveurs de nos campagnes du midi.

L'industrie des soies revendique encore à l'exposition plusieurs machines fort ingénieuses pour la fabrication des étoffes façonnées. Les maisons ARNAUD, de *Lyon*, BLANCHET, de *la même ville*, SERVANT et ODIER, *idem*, méritent d'être mentionnées honorablement pour leurs travaux en ce genre, mais les fabricants qui ont le plus complètement réussi et qui ont droit à la récompense de premier ordre sont sans contredit MM. GODMAR et MEYNIER, inventeurs du *battant brocheur mécanique*.

On sait que jusqu'ici on n'avait pu brocher les étoffes que lentement, et bouquet par bouquet, ou au lancé, ce qui nécessitait un découpage à l'envers, dont l'effet était d'enlever toute solidité aux bouquets. MM. Godmar et Meynier ont eu l'heureuse pensée de remplacer l'action de l'ouvrier brocheur par un mécanisme fixé au battant du métier et composé du nombre de *spolins* nécessaire au brochage que la mécanique Jacquard commande, en même temps que les cartons et les fils de lisse. Au moyen de cet appareil, qui est applicable à toute espèce de métiers Jacquard pour la fabrication des façonnés en soie, laine, coton, lin, mélangés, etc., on obtient avec

une immense économie de temps et d'argent des brochés aussi solides et plus réguliers que ceux faits autrefois
à la main, et au dessus de toute comparaison avec les
brochés au lancé, sur lesquels ils ont, en outre du
mérite de solidité, celui d'économiser la matière et le découpage.

Cette mécanique est l'une de celles qui doivent être
louées partout le monde sans restriction, puisqu'elle tend à
augmenter le nombre des ouvriers employés au lieu de le
restreindre, et qu'elle conserve à la France pour long-temps
encore une supériorité industrielle qui allait peut-être
lui échapper. On voit en effet que ce double résultat est
obtenu par le battant brocheur qui, si d'une part il supprime l'aide du tisseur, abaisse tellement de l'autre le prix
des étoffes façonnées (de 12 et 15 francs à 3 fr. 75, de
5 fr. 50 à 1 fr. 75) que la consommation doit s'en accroître considérablement, et que l'aide congédié en cette qualité doit être immédiatement élevé au rang de compagnon
et employé comme tel. Plus heureux que l'illustre et modeste Jacquard, qui faillit être lapidé à Lyon par les ouvriers ses camarades, auxquels sa mécanique venait d'ouvrir une carrière utile, et dont l'invention fut méconnue
pendant plusieurs années par les fabricants dont elle devait faire la fortune, MM. Godmar et Meynier n'ont
recueilli jusqu'ici que des félicitations et des bénéfices.
Leur battant brocheur a été adopté avec empressement
et succès dans plusieurs localités, notamment à *Tarare*,
par M. SALMON, fabricant de ces belles mousselines brochées dont nous reparlerons quand il en sera temps, et à
Paris, par MM. MORIN et JOURDAN, dignes successeurs
de M. REY, dont le nom rappelle tant de gracieuses étoffes, mélange de soie et laine, formant ces tissus légers
brillants et chauds, si fort à la mode pendant plus de dix
ans sous les noms multipliés de *Chalis, Pondichéry, Su-
matra, Golconde*, etc.

L'une des plus modestes, mais non pas des moins remarquables machines de l'exposition, est le *métier à tricot mécanique*, construit par M. Rigaux, ingénieur au
Pecq (Seine-et-Oise), ancien élève de l'école Polytechnique.

L'industrie de la bonneterie que cette machine est peut-
être appelée à révolutionner s'est exercée jusqu'ici presque exclusivement dans les campagnes où elle occupe un
nombre considérable d'ouvriers, travaillant à façons pour
des marchands qui leur font l'avance du fil.

Les seuls marchands de *Troyes* reçoivent ainsi les produits de plus de 10,000 métiers, mis en mouvement par
12,000 ouvriers environ; la ville de *Sommières* et ses environs, où se fabrique la bonneterie de laine, dite de *Santerre*, occupe 30,000 fileuses et 15,000 ouvriers; elle consomme annuellement pour plus de 8 millions de laine. Si
les individus de cette industrie que l'on peut considérer
comme l'une des plus considérables de la France, ne
trouvaient pas une ressource dans les travaux agricoles
auxquels ils se livrent presque tous une partie de l'année,
leur position serait des plus fâcheuses, car la modicité du
prix de leurs façons est telle, qu'ils ne trouveraient pas
dans celle-ci des moyens d'existence suffisants; de même
aussi qu'ils seraient exposés à une misère déplorable s'ils
se trouvaient tout à coup privés de leur travail industriel.
C'est cependant à cette dernière alternative qu'ils vont se
trouver réduits avant peu, si la machine de M. Rigaux,
déjà si parfaite, reçoit encore quelques perfectionnements.
La similitude qui existe entre leur position et celle des
fileuses et tisseurs de lin et de chanvre à la main est
vraiment désolante; comme eux ils se voient sinon immédiatement frappés, du moins gravement menacés de la
perte de leur industrie. Déjà le *métier-Rigaux* peut faire
tout le tricot en pièce; encore un peu et il fera les bas et
les pièces les plus difficiles; il n'y aura plus de refuge

alors : les marchands qui jusqu'ici s'étaient bornés à faire aux paysans propriétaires de leurs métiers l'avance du fil, dont ils se remboursaient la semaine suivante sur les objets confectionnés, vont tout concentrer entre leurs mains, élever des fabriques et les garnir de *métiers-Rigaux*, mis en mouvement par un moteur général et qui peuvent être surveillés au nombre de 18 ou 20 par un seul homme. C'est là le côté grave de la question, qu'une médaille d'or ou une décoration accordée à l'inventeur sera impuissante à résoudre, et qui appellera l'attention des économistes et du gouvernement après celle des membres du jury central.

Non loin du métier qui nous a inspiré ces réflexions, nous avons visité avec plaisir une *machine à fouler les draps*, qui économise une quantité notable de façons, de de temps, de matière, et pas un ouvrier! c'est le beau idéal de la science mécanique. On connaît l'imperfection des anciens procédés de foulage, le temps qui était nécessaire pour mener à bien l'opération, les masses de savon qui étaient perdues; eh bien! tout cela est évité aujourd'hui, grace à la machine de MM. HALL, POW et SCOTT, de *Rouen*, qui foule à volonté dans tous les sens ou seulement dans celui de la longueur ou de la largeur, qui fait servir l'eau de savon jusqu'à épuisement, et qui fait en quatorze heures ce que l'on ne terminait autrefois qu'au bout de vingt-deux. Un certain nombre de ces machines sont déjà en activité, il y a même à l'exposition des draps foulés par ce procédé.

La rangée du milieu de la galerie nous offre encore de curieuses machines à imprimer les étoffes en plusieurs couleurs; nous avons surtout remarqué la machine à trois couleurs de M. PERROT, de *Rouen*, dite *Perrotine*, que nous avions déjà vue fonctionner avec un entier succès, et une machine à six couleurs dont nous n'avons pas encore vu les produits courants; nous ne doutons pas que M. Perrot soit honoré d'une récompense de premier ordre, que les nombreux services qu'il a rendus à l'industrie lui ont bien méritée.

La Normandie, cette succursale de l'Alsace, compte à l'exposition de nombreux représentants; outre M. Perrot et MM. Hall, Pow et Scott, dont il vient d'être question, nous avons également remarqué une *machine à bouter les plaques de carde*, fabriquée par MM. PAPAVOINE et GHATEL, qui nous a paru mériter l'attention du public éclairé; ainsi qu'un *batteur-étaleur* pour filature de coton, par M. LAGOGUÉ de *Maramme*.

Nous ne terminerons pas cette partie de notre examen du pavillon des machines sans signaler l'absence regrettable d'un mécanisme fort ingénieux et entièrement neuf, qui n'a pu, nous ne savons trop par quelles causes, être admis au grand jour de l'exposition. Nous avons parlé tout à l'heure du *battant-brocheur* de MM. Godmar et Meynier, et nous avons dit quels services la fabrication des étoffes façonnées recevait chaque jour de cette machine, inventée, si nous sommes bien informés, par un canut nommé Bernard, et perfectionnée par MM. Godmar et compagnie, qui l'exposent. Une autre branche importante de l'industrie lyonnaise, celle des velours, serait, à ce qu'il nous a été assuré, redevable d'obligations encore plus grandes à un simple contre-maître, M. AMBLET, qui a inventé et construit de toutes pièces une machine propre au brochage du velours, ce qui n'avait jamais été possible jusqu'ici par aucun procédé. Nous avons examiné dans la galerie des étoffes de soie plusieurs pièces de velours brochés, critiquables peut-être pour le goût des desseins et quelques légers défauts de fabrication, mais qui, étant les produits d'essais d'une industrie née d'hier, n'en sont pas moins la preuve d'un immense progrès.

Nous nous arrêtons d'autant plus volontiers sur la machine de M. Amblet, qu'ayant été cédée par lui à la chambre de commerce de Lyon, elle est immédiatement entrée dans le domaine public, ce qui permet à chacun d'en faire usage, et ne retardera pas d'un seul jour les avantages qu'elle doit procurer à l'industrie, aux ouvriers et au public. Il eût été à désirer qu'il en fût de même pour le battant-brocheur de MM. Godmar et Meynier; mais ces messieurs s'en sont expressément réservé le monopole, et ne cèdent le droit d'usage que moyennant une prime; déjà ce système a tous les inconvénients attachés aux brevets d'invention; la contrefaçon s'est attachée au battant-brocheur qui n'a pu se défendre qu'en recourant à l'auxiliaire des gens de loi, des saisies et des procès, cette plaie de la production qui occasione souvent en frais et en perte de temps des dépenses plus considérables que la valeur des objets en litige,

Nous ne connaissons à ces deux machines qu'un seul défaut grave, celui de ne pas permettre le brochage des grands bouquets et des fonds pleins. En effet, il faut toujours et de toute nécessité qu'il y ait entre chaque fleur l'intervalle nécessaire pour la course du *spolin*, soit 4 pouces environ, ce qui limite le possible et ne permet pas de faire tout par ce procédé; c'est là une lacune très-difficile à combler, sans doute, mais qui aura peut-être disparu avant l'époque de la première réunion solennelle de nos industriels en 1844.

MACHINES ET APPAREILS DIVERS.

Bien que la galerie des machines ne renferme pas à beaucoup près un spécimen des appareils mécaniques employés par nos industries les plus importantes, on éprouve cependant quelque difficulté à voir tout ce qui a été exposé. Aussi craignons-nous de commettre quelque omission dont le tort ne sera pas à nous, mais à la trop grande richesse de l'exposition, et quelque peu aussi au désordre qui règne dans la galerie et qui ne permet pas de voir sans de longues recherches toutes les machines du même genre.

Nous avons particulièrement regretté les vices de l'arrangement officiel, lorsque nous avons voulu examiner les machines aratoires, qui représentent seules dans le grand concours de toutes les branches de la production les intérêts de la plus précieuse d'entre elles, de l'agriculture. Plusieurs choses dignes d'intérêt nous auront sans doute échappé, voici du moins celles que nous avons vues.

Les charrues et araires sont en grand nombre, mais tellement disposées, qu'il est presque impossible d'en approcher. Nous avons remarqué parmi elles de nombreuses imitations de la charrue GRANGÉ (*des Vosges*), dont l'inventeur, modeste cultivateur de l'est, a été décoré il y a cinq ans de la croix de la légion-d'honneur. Des perfectionnements de détail ont été apportés à cette charrue, dont le grand mérite est d'être simple, légère, d'un travail sûr et d'un prix modique. Nous avons reconnu également la charrue de M. DUMÉRIN, qui a plusieurs fois remporté sous nos yeux le prix de labour dans les comices agricoles. Nous ne parlerons que pour constater leur présence, des herses, des extirpateurs, des semoirs, des houes à cheval, etc., qu'il ne nous a pas été permis d'étudier, tellement la place qu'ils occupent est inabordable.

Après les instruments de labour, la machine la plus utile à l'agriculture est la machine à battre, si difficile à exécuter et soumise à des conditions si rigoureuses. Les cultivateurs du midi et ceux des environs de Paris connaissent les bons services rendus par la machine de

MM. Mothes frères, de *Bordeaux*, qu'on a vue fonctionner en 1838 aux comices de Seine-et-Marne et de Seine-et-Oise, avec toute la perfection désirable. La seule objection que l'on puisse adresser à cette machine est son prix un peu élevé, et la force motrice qu'elle exige ; mais nous croyons que cet inconvénient peut disparaître au moyen d'une application intelligente du principe d'association. Pourquoi, par exemple, les contrées où l'agriculture est parcellaire, c'est-à-dire où la terre et les récoltes sont divisées entre un grand nombre de particuliers, et où une seule personne n'a ni assez de capitaux ni assez de grains pour acheter à elle seule une machine de 1 à 4 chevaux de force, du prix de 1,000 à 1,900 fr. battant et vannant de 30 et 40 à 100 et 120 gerbes de froment par heure ; pourquoi, disons-nous, les communes ne s'imposeraient-elles pas pour acheter en commun une pareille machine qui servirait à tout le monde, comme dans beaucoup de localités les pressoirs, comme dans la Franche-Comté les appareils à faire le fromage, dans le nord ceux à faire le sucre de betteraves? Nous avons parlé de ce système à quelques agronomes éclairés qui lui ont donné leur approbation, nous aimerions à savoir qu'il a été adopté dans nos campagnes.

M. Rosé, l'inventeur de tant d'ingénieux perfectionnements mécaniques appliqués à l'agriculture, expose cette année une machine à battre, système suédois, amélioré par lui. Dans cette machine, les épis, au lieu de se présenter perpendiculairement aux lames et à l'axe des cylindres batteurs, arrivent horizontalement, passent entre des cylindres cannelés qui ouvrent les cellules et sont ensuite pris et entraînés par les lames du cylindre, qui ne laissent pas un grain et ne brisent pas une paille. Cette machine est fort simple, tient moins de place que celle de M. Mothes, et nous paraît plus convenable pour les petites exploitations agricoles qui n'auraient pas la ressource de se servir en commun du batteur bordelais.

Une fois le grain séparé de la paille, on doit s'occuper de sa conservation. Voici pour cet objet une nombreuse collection de tarares et cribles. M. VILLECOCQ, de *Brie-Comte-Robert* (Seine-et-Marne), cote à 400 fr. son *tarare à deux tiroirs*, pour toute espèce de grains, qui lui a valu de nombreuses distinctions dans tous les comices agricoles, ainsi qu'à la société royale et centrale d'agriculture ; le *tarare à forces centrifuges* de M. CORRÈGE nous paraît exiger une force trop considérable ; son prix, qui est de 1,200 fr. pour un travail de 8 à 10 hectolitres en 10 heures, est peut-être aussi, indépendamment de son mérite que nous n'avons pu apprécier, un peu élevé pour les ressources toujours modiques des cultivateurs. Le même obstacle ne s'opposerait pas à l'adoption du tarare-cribleur de M. KÆNIG, dont le prix est seulement de 180 fr. pour une production qui n'est pas indiquée. Le *coupé-racine*, du même constructeur ne coûte que 90 fr. Ces deux machines nous ont paru bien établies, solides et simples, deux conditions indispensables pour les machines agricoles. Le tarare à 4 cylindres, système GOSME, exécuté par M. CALLA, exige beaucoup de place et est d'un prix élevé.

M. VALLERY, dont le nom a été prononcé avec éloge à l'Académie des sciences, à la société d'encouragement et à la société d'agriculture, a entrepris, on le sait, de remplacer tous les tarares et cribleurs (dont l'usage demande une main-d'œuvre et un temps assez considérables) par un grenier modèle qui en aurait tous les avantages sans en avoir les inconvénients.

La vaste machine de M. Vallery nous paraît résoudre toutes les difficultés scientifiques du problème que cet ingénieur s'était posé. Il offre une notable économie de main-d'œuvre dans les fermes nouvelles, il rend inutile la construction des greniers, une faible force le met en mouvement ; en un mot, il a toute sorte d'avantages qui doivent le faire approuver. Peut-être trouvera-t-on seulement qu'elle a, comme le *batteur-Mothes*, l'inconvénient de ne pas tenir compte de l'organisation de notre agriculture, presque partout morcelée, atomisée, et de ne convenir qu'aux grandes exploitations, mais non pas aux petites ; à cela on peut répondre que cette machine n'est réellement utile que là où il y a crainte pour l'échauffement des grains, c'est-à-dire dans les lieux où l'on fait de grandes provisions, de grands amas. Partout ailleurs, l'absence du danger rend la précaution inutile.

Après les tarares, les cribleurs, etc., viennent les moulins, les pétrins et les fours. Nous ne rappellerons pas la révolution introduite depuis quelques années dans les systèmes de moutures, par les moulins anglais perfectionnés en France ; c'est aujourd'hui un fait accompli, et il n'est pas nécessaire, comme quelques uns le croient encore, d'aller en Angleterre et en Amérique pour trouver des moulins mécaniques bien organisés. Il y a déjà long-temps que le midi de la France possède plusieurs établissements au dessus de tout éloge, et aux portes de Paris même, les moulins de M. Darblay, à Corbeil, et ceux du canal Saint-Maur, réunissent tout ce qui existe de plus parfait en ce genre, et donnent les meilleurs résultats. Les moulins exposés aujourd'hui n'ont pas la prétention de rivaliser avec les belles et puissantes machines qui mettent 30 ou 40 paires de meules en mouvement ; ils veulent seulement s'introduire dans les localités où les moteurs naturels manquent et où les besoins sont relativement faibles ; en un mot, ce sont des moulins à bras ou tout au plus de la force d'un ou deux chevaux.

Le *moulin à cylindre* de M. Reinhardt, de Strasbourg, nous a paru bien conçu, mais peut-être un peu fort. Il se compose d'une meule mobile tournant sur une meule fixe, disposée d'une manière nouvelle ; les meules sont formées de fragments de granit combinés avec du sable et des terres argileuses ; elles n'ont jamais besoin d'être retaillées. L'inventeur de cette machine déclare qu'elle fonctionne avantageusement depuis plus d'une année : c'est là un titre aux récompenses du jury. — Les moulins de M. Cournot, de *Paris*, sont d'un système tout-à-fait nouveau ; ils se composent de lames d'acier horizontales qui, par un mouvement continuel de *va-et-vient*, écrasent entre elles les graines placées dans l'auge. Ces moulins servent pour le froment, les graines oléagineuses, les graines à bestiaux, etc. ; ils nous ont paru mériter une distinction particulière.

Deux *pétrins mécaniques* se partagent l'attention des hommes spéciaux ; l'un, celui de M. Fontaine, de *Paris*, est annoncé comme faisant 300 livres de pâte en 10 minutes, il coûte 300 fr. ; l'autre, celui de M. Poissant, qui marche en grand dans plusieurs communes du département de la Somme (canton de Bernaville), donne, depuis plus d'un an qu'il est en activité, un excédant de produit d'un cinquième sur les anciens procédés en usage. C'est là un immense service rendu à la partie la plus pauvre et la plus nombreuse de la population ; le jury ne doit pas négliger d'en remercier M. Poissant.

Plusieurs fours, nouveau modèle, ont été exposés. Nous avons particulièrement étudié celui de M. Jametel aîné, en exercice depuis 4 ans au Petit-Mont-Rouge, près de Paris, et nous avons reconnu qu'au moyen du procédé de chauffage par l'air chaud, il produisait une notable économie de combustible ; que le pain était cuit une fois plus vite, qu'il n'était pas exposé à brûler, et enfin qu'il n'était jamais sali par le charbon et la cendre, ce qui arrive si fréquemment dans les fours ordinaires. L'adoption générale de ce four devrait faire baisser le prix du pain : jusqu'à ce qu'elle soit ordonnée administrativement; ce ne sera qu'une excellente affaire d'argent pour les boulangers qui s'en serviront.

Nous devons parler encore, avant de terminer les machines agricoles, de la nombreuse et excellente exposition de M. Cambray, de *Paris;* cet habile constructeur, digne en tout de son ancienne réputation, nous montre cette année une collection fort curieuse de machines à féculerie, de hache-paille, de tarares, de charrues, de bluteries, etc., qui dénotent, par les améliorations qu'elles renferment et par leur bonne exécution, du soin que M. Cambray apporte à mériter de plus en plus la confiance des agriculteurs et les distinctions dont le jury l'a déjà honoré.

M. Stoltz, l'un de nos plus habiles constructeurs de pompes, et dont nous reparlerons à ce titre, a exposé un *tamis mécanique* pour féculerie. Cette machine, d'un bon système, s'alimente elle-même et travaille 100 à 120 setiers de pomme de terre rapée par jour ; le prix varie, suivant que le bâtis est en fonte ou en bois, de 900 à 1,200 francs.

M. Vernier a exposé également un *tamis horizontal pour féculerie.* Ce qui distingue cette machine de la précédente est, au dire de l'inventeur, une disposition particulière qui permet de séparer de la fécule les corps gras qui y sont mêlés et qui ont l'inconvénient de la colorer. Cette innovation est assez importante pour être vérifiée par le jury, et dans ce cas elle vaudrait sans doute à M. Vernier une honorable récompense.

Nous ne parlerons de M. Clerc, qui expose des râpes, des barattes et autres ustensiles d'exploitation agricole, que pour son idée de fonder en faveur des orphelins une école d'arts et métiers, dans laquelle on leur apprendrait à construire toutes les machines et outils nécessaires à l'agriculture. C'est là une noble pensée à laquelle nous nous associons de grand cœur, et nous indiquons avec plaisir, aux personnes qui voudraient coopérer à l'accomplissement de cette œuvre de bienfaisance et en même temps d'utilité; qu'une souscription est ouverte à cet effet chez M. Louvancour, notaire, boulevard Saint-Martin, 59.

L'industrie vignicole, qui crée tant de richesses en France, est représentée à l'exposition par le *pressoir-troyen* de M. Benoît. On connaît la barbarie des anciennes presses à raisin; depuis long-temps on en demandait qui donnassent plus et de meilleurs produits, et qui économisassent la force et la place. Toutes ces conditions ont été remplies par M. Benoît, dont le pressoir est mis en mouvement par 2 hommes, au lieu de 12; qui exerce une pression de 140,000 k., au lieu de 75,000, et au moyen duquel l'opération se termine en 2 heures, au lieu de 10. Ces chiffres en disent plus que tous les éloges possibles; nous ajouterons seulement que ce ne sont pas des chiffres d'expérience, mais qu'ils ont été relevés dans un service courant de plusieurs années, en Champagne et en Bourgogne.

Il est encore à l'exposition une machine fort simple et cependant très-importante, que quelques cent milliers de personnes ont déjà touchée peut-être, sans la considérer autrement qu'un joujou, et qui doit rendre d'incalculables services. C'est tout simplement une petite charrette de campagne, grande comme les deux mains, et à laquelle M. Le Faucheux, de la *Sarthe*, a adapté un système d'enrayage inventé par lui, et dont l'effet est puissant, toujours sûr, puisqu'il résulte de la pression exercée par le recul du cheval dans les descentes; qui ne coûte que 16 francs. et s'applique à toutes les voitures indistinctement. C'est vraiment trop simple pour ne pas être un trait de génie; la preuve, c'est que tous ceux qui la voient s'écrient : «*Comment, ce n'est que cela!*» et que depuis quelques siècles que nous avons des voitures, personne n'y avait encore songé.

MACHINES

SERVANT A LA FABRICATION DU SUCRE.

En attendant que les chambres aient prononcé dans le grand procès intervenu entre les fabricants de sucre indigène et les colons, entre la betterave et la canne, l'imagination de nos inventeurs travaille pour l'un et pour l'autre; non pas également, car les plus éloignés sont pauvres, et les plus rapprochés sont riches; mais enfin on a travaillé pour tous, ce que l'on n'avait pas vu depuis long-temps.

Comme personne en France ne songe guère aux colonies et aux colons, si ce n'est leurs malheureux créanciers, il n'est pas surprenant de voir que l'unique machine destinée aux colonies est due à un mécanicien du littoral. C'est M. NILLUS, mécanicien *au Havre*, qui a construit le moulin à broyer les cannes à sucre. Cette machine, infiniment supérieure aux anciens moulins en usage dans toutes nos plantations, ce compose de trois cylindres horizontaux, dont deux cannelés sont sur le même plan, et un uni leur est supérieur; la canne glisse sur une table inclinée, sans danger de mutilation pour l'ouvrier qui présente la canne, comme cela arrive trop fréquemment aujourd'hui avec les cylindres verticaux. Les cannes épuisées sortent de l'autre côté des cylindres sur une table qui les rejette en dehors; le jus tombe dans un bac inférieur muni de tubes qui portent la liqueur dans les chaudières où s'opère la cuisson.

Quoique de beaucoup préférable aux anciennes machines, la presse de M. Nillus laisse encore, nous croyons, quelque chose à désirer; nous sommes convaincus par exemple, qu'il eût été possible d'obtenir une pression tout aussi forte avec des engrenages et un bâtis moins énormes. Il y a là une masse de fonte qu'il eut été possible d'alléger considérablement, ce qui eût diminué le prix de la machine et celui non moins important du fret.

Quant aux machines destinées à la fabrication du sucre de betteraves, elles n'ont rien d'absolument nouveau. C'est d'abord *le lévigateur* de M. PELLETAN et son appareil *à cuire dans le vide;* c'est encore une machine *à extraire le jus par voie de déplacement*, de MM. GAUTIER et EMERY, puis un appareil *de cuite* de M. VIDAL, et enfin les immenses machines d'évaporation et de condensation de MM. DEROSNE et CAIL, qui ne servent à ces messieurs que de prospectus pour leurs machines à vapeur oscillantes à rotule, de la force de 1 à 12 chevaux. Nous n'entreprendrons pas de décider entre un si grand nombre de concurrents, lorsque ceux-là même qui se servent de leurs machines n'ont pu tomber d'accord sur leurs mérités respectifs; nous laissons aux chambres à prononcer d'abord sur l'existence des sucreries de betteraves; il sera temps ensuite de charger la concurrence de prononcer son jugement définitif sur les machines les plus parfaites et les plus économiques.

MACHINES A PAPIER.

L'exposition renferme deux machines à papier et une machine à couper le papier. MM. A. KOECHLIN et comp., dont nous avons déjà fait mention, ont construit l'une de ces machines; on y reconnaît leur grande habileté, la sûreté de leurs combinaisons et la surveillance intelligente qu'ils exercent incessamment sur leurs vastes établissements. M. CHAPEL est le mécanicien qui a établi la seconde machine.

Tout en accordant à ce fabricant les éloges qu'il mérite, nous dirons cependant avec franchise que nous n'aimons pas autant sa machine que celle de M. A. Kœchlin; le système est le même, et cependant elles ne se ressemblent pas. Dans la première, le bâtis est solide, mais en même temps léger; les engrenages et les transmissions de mouvement sont convenablement placés; dans la seconde, au contraire, le bâtis est lourd et sans grace, les engrenages sont extérieurs, les arbres se prolongent avec leur cortége de supports et de coussinets sur les flancs de la machine. Leurs services sont peut-être également bons, mais à coup sûr l'une est plus facile à soigner que l'autre; l'une est belle, l'autre est peu gracieuse. Ce qui prouve au reste la perfection et le fini de la machine de M. Kœchlin, c'est que sa maison en a fourni plusieurs à l'étranger : en Russie, en Allemagne, en Belgique et même en Angleterre.

Une seule chose manque encore cependant à cette partie de notre industrie : ce sont de bonnes toiles métalliques sans fin, qui puissent rivaliser avec celles de l'Angleterre. Une seul maison en France peut lutter de perfection sous ce rapport, c'est celle de M. A. Roswag, de *Schlestadt*, qui a reçu une médaille d'argent et quatre médailles d'or, aux différentes expositions qui se sont succédées depuis 1806. La toile métallique montée sur la machine de M. Kœchlin est un produit courant de la fabrique de M. Roswag.

La machine de M. Koechlin et celle de M. Chapel sont munies toutes deux d'un appareil qui coupe le papier perpendiculairement à l'axe des rouleaux, lorsqu'il sort des cylindres satineurs; de là, le papier, divisé en deux, trois ou quatre bandes, suivant la largeur qu'on veut lui laisser, va s'enrouler sur les dévideurs placés derrière la machine, et sur lesquels, après un certain nombre de révolutions, il est coupé par l'ouvrier avec une scie ou une lame tranchante. Mais, comme il est facile de le concevoir, il existe une grande différence entre la longueur des feuilles enroulées les dernières et de celles qui se rapprochent davantage des dévidoirs. Celles-ci sont naturellement plus petites que les autres ; puisqu'alors le diamètre du cylindre était moindre : aussi, lorsqu'on met le papier à plat, remarque-t-on que les feuilles sont disposées en talus, ce que l'on ne peut faire disparaître qu'en soumettant chaque rame de papier à un rognage qui fait perdre du temps et surtout beaucoup de matière.

En Angleterre, où le chiffon est si cher et la mécanique si perfectionnée, il y a long-temps que l'on a remédié à l'insuffisance des dévidoirs au moyen d'une machine qui, après avoir coupé la feuille dans le sens de la longueur, la coupe ensuite dans le sens de la largeur, suivant le format. Un grand industriel anglais, qui retire un revenu de plus de 25 mille liv. sterling de ses papeteries, nous disait que, sans cette machine à couper, loin de gagner en vendant aux prix actuels, il serait en perte : le déchet qui résulte de l'emploi des dévidoirs et du rognage étant environ d'un 8e, et formant avec la main-d'œuvre des rogneurs plus que son bénéfice.

C'est une machine à peu près semblable à celle employée en Angleterre que M. DEBERGUE a exposée, mais seule et isolée du reste de la machine à papier que nous avons vue chez lui, et qui ne tient pas moins de 62 pieds de long.

PRESSES.

Les *presses* sont moins nombreuses cette année qu'il y a cinq ans. Nous avons remarqué toutefois deux belles presses de M. SILBERMAN, de *Strasbourg*, l'une dite *hagar* et l'autre *dingler* (nous aurons à reparler de cette exposant) ; les presses typographiques de M. Dutartre, qui présentent plusieurs modifications utiles; une *presse à vis*, de M. Constantin, pour la fabrication du vermicelle, et une *presse hydraulique* appropriée au même usage par M. E. Bourdon, dont nous avons déjà parlé pour ses machines à vapeur.

La presse hydraulique de M. Bourdon agit contrairement à leur système ordinaire, de haut en bas. L'appareil un peu élevé en hauteur n'occupe pas un pied carré du sol ; la pression est très-grande et obtenue avec une très-légère dépense de force ; enfin, ce qui est important pour l'industrie, les moules en cuivre sont préservés de toute rupture, accident assez fréquent dans les presses à vis. Nous ne saurions trop recommander cette nouvelle application de l'hydraulique à la mécanique industrielle.

POMPES.

Après les presses, les pompes. Leur famille est nombreuse à l'exposition ; nous ne parlerons que de celles que nous avons expérimentées. Parmi les pompes à incendie que nous avons remarquées, celles de M. Guérin, fournisseur du corps des sapeurs pompiers de la ville de Paris, occupe sans contredit le premier rang ; on peut placer ensuite celle de M. l'Huilier, de *Remireremont*, qui satisfait bien aux conditions exigées d'une pompe de secours ambulante, qui doit courir la poste dans des chemins de traverse. Elle est solide, puissante et d'un service commode ; nous ne croyons pas qu'il soit possible d'en demander davantage.

Comme *pompes de puits*, celles de M. Stoltz, sont préférables à celles de tous les autres systèmes : elles sont très-simples, s'adaptent aussi facilement dans les puits de 20 pieds que dans ceux de 40 et 50 ; en un mot, elles donnent les meilleurs services. Leur prix est d'ailleurs modique et les réparations qu'elles nécessitent à la longue presque nulles.

MM. Rollé-Schwilgué, de *Strasbourg*, les inventeurs des *balances à bascule*, qu'ils perfectionnent constamment et adaptent chaque année à de nouveaux usages, balances à *voitures*, à *bestiaux*, à *marchandises*, à *charrettes*, à *bois*, de *ménage*, de *carderie*, etc., ont exposé une *pompe à hotte* que nous regardons comme étant de nature à rendre d'importants services dans les incendies. Cette machine, qui ne pèse que 20 à 26 k., vide, peut contenir 80 litres d'eau et en lancer 30 par minute, à une distance de 10 à 12 mètres. Se transportant avec des bretelles comme une hotte, elle doit suppléer efficacement les grandes pompes à incendie qui ont besoin d'un terrein solide et assez spacieux pour fonctionner, tandis qu'elle pourra toujours être montée dans les différentes parties des bâtiments menacés, avec la plus grande facilité. Partout où l'homme pourra se poser, elle trouvera une place suffisante. Cette pompe, que nous appellerions volontiers de *prompt-secours*, est d'un prix assez faible, 100 à 150 fr., pour que toutes nos communes rurales puissent en avoir plusieurs : aussi la croyons-nous appelée à étouffer plus d'incendies à leur origine que les grandes pompes-Guérin, qu'il faut toujours aller chercher au loin dans les villes, ne peuvent en éteindre lorsque le feu a déjà exercé ses ravages pendant plusieurs heures.

Pour les *arrosages*, la pompe-hotte de MM. Rollé-Schwilgué peut être encore utilement employée, ainsi que la *pompe montée* de M. Stoltz, déjà nommé.

Enfin, pour *pompes de cour*, il nous a semblé que celles exposées par M. Léda étaient à la fois élégantes, simples, solides et d'un bon service.— Quant aux autres en grand nombre dont nous ne parlons pas, notre silence n'est pas une critique, mais seulement le résultat de l'ignorance dans laquelle nous sommes de leurs qualités particulières. Nous avons demandé des renseignements à tous les exposants, beaucoup ont bien voulu nous répondre, quelques uns ne l'ont pas fait, nous croyons devoir imiter leur discrétion.

APPAREILS DE SAUVETAGE.

Parmi les *appareils de sauvetage* assez nombreux que nous avons examinés, notre attention s'est portée particulièrement sur le *costume respirateur* de M. le colonel PAULIN, le *cadre de sauvetage* de M. GUÉRIN, au moyen duquel on peut faire descendre les habitants des maisons dont les escaliers sont embrasés, et plusieurs ponts volants pour venir au secours des vaisseaux incendiés et des bâtiments de la marine, des bateaux mécaniques et des bouées de sauvetage formant bateaux.

MODÈLES.

Les modèles de machines qui se recommandent d'une manière spéciale sont d'abord ceux exécutés par M. PHILIPPE, déjà nommé, qui a exécuté avec une rare perfection l'appareil *Brame-Chevalier* pour la cuite et l'évaporation des sirops par l'insufflation de l'air chaud, l'*échafaud Journet* pour la réparation des ponts, le *lévigateur Pelletan* et une *locomotive* à six roues. — Nous avons remarqué également le modèle en petit de l'appareil mobile de MM. MAZELINE frères et DORCY, du *Havre*, pour l'embarquement et le débarquement des lourds fardeaux jusqu'à 100,000 k. Peut-être le mécanisme est-il un peu compliqué, c'est-à-dire sujet à de nombreux dérangemens ; dans tous les cas, il est fort bien combiné.

Les curieux ne s'arrêtent pas seuls devant le modèle de l'atelier de la rue du Chemin-Vert, où l'on fabrique les roues à la mécanique ; nous y avons vu aussi des ouvriers et des consommateurs, qui nous ont garanti l'excellente exécution des roues obtenues par ce procédé.

SOUFFLETS.

Entre tous les *soufflets* que nous avons vus, nous signalerons celui pour *lampe d'émailleur*, de M. Enfer, qui se meut au moyen d'une pédale, et donne un souffle continu ; le soufflet de forge du même mécanicien, et celui à double effet et à soufflé continu, de M. *Paillietté*, de *Paris*.

DIVERSES MACHINES.

Il nous reste encore à mentionner comme machines intéressantes et utiles, celle à *planer les pièces droites*, de M. Collier ; à *courber les fers à froid*, de M. Agnerey, de *Rouen* ; à *cambrer les tiges de botte*, de M. Simon, de *Paris*, le *tour à portrait réducteur de médailles*, de M. Contamin, et les *cylindres en granit pour broyer les couleurs*, de M. Hermann.

Nous ne devons pas oublier non plus les *machines à clous*. La plus belle, la plus simple et aussi la meilleure, c'est-à-dire celle qui se compose d'un moins grand nombre de pièces, qui a le moins de frottemens et de secousses et donne d'excellents produits, est celle de M. Stoltz, qui fabrique 80 clous à la minute. Celle que nous plaçons en seconde ligne est de M. Philippe. Son plus grand défaut, le seul même que nous lui connaissions, est d'être trop compliquée et de demander trop de soins et de réparations; ses produits sont d'ailleurs parfaits: c'est même pour les obtenir constamment tels, qu'on l'a chargé d'un mécanisme qui fraise les pointes; c'est là un mérite, sans doute, mais il est malheureusement acheté par le défaut que nous avons dit, et M. Stoltz ne nous en paraît que plus louable de l'avoir évité tout en donnant des clous dont la pointe est aussi parfaite que si elle était fraisée, bien qu'elle ne le soit pas. M. Larauza, de *Paris*, exposé la troisième machine, qui a la propriété de faire deux clous à la fois. Nous avons vu travailler cette machine fort régulièrement, mais nous ne savons si elle pourrait résister à un long service. Nous avons remarqué par exemple qu'elle était fortement ébranlée par les chocs répétés du mouton, et que les ressorts à boudin qui suspendent celui-ci commençaient déjà à se relâcher. Il y a certainement des moyens faciles de remédier à ces légers défauts, sans lesquels cette machine serait tout-à-fait bonne. La quatrième et dernière machine à clous est de M. Coade; la disposition de son mécanisme nous a paru inférieure à celle des précédentes machines, et ses produits nous ont confirmé dans cette opinion; les pointes ne sont pas centrales, et les têtes sont très-souvent déjetées sur un côté.

MACHINES A TONNEAUX

ET SCIERIE.

M. de Manerville, à *Troussebourg*, près de Honfleur, avait exposé il y a cinq ans une machine à fabriquer les tonneaux, a été distingué par le jury; il se représente aujourd'hui avec une machine du même système, considérablement améliorée; nous ne doutons pas qu'une nouvelle récompense ne vienne l'encourager dans ses efforts. Le même inventeur expose encore le modèle d'une *scierie horizontale*, d'un système entièrement nouveau, qui a le double avantage de pouvoir s'établir partout, l'appareil ne s'élevant pas à plus de trois pieds au dessus du sol; et de travailler dans tous les sens, sans qu'aucun mouvement des lames soit perdu. Les économies de frottement, de temps, de force et de main-d'œuvre, obtenues par ce système, ajoutent encore un nouveau titre à ceux que M. de Manerville s'est déjà assurés par sa mécanique à tonneaux.

LAVOIR MECANIQUE.

M. Roulig, de *Rueil*, expose le modèle d'un appareil qui, s'il tient ce qu'il promet, causera une heureuse et une importante révolution dans les ménages parisiens. Il ne s'agit de rien moins que d'arracher notre linge aux supplices multipliés du battage, du frottement avec une brosse dure, de la torsion, etc., que les blanchisseurs lui font endurer; et de remplacer le tout par un lavoir à foulon roulant, composé de deux roues coniques marchant dans un auget, comme pour la fabrication du mortier. Cette simple opération suffira-t-elle? Là est la question; si elle est résolue par l'affirmative, la machine de M. Roulig est précieuse, et profitera à tout le monde.

PHARE.

Le grand appareil de Fresnel pour l'éclairage des côtes, que nous avions déjà vu il y a cinq ans, reparaît aujourd'hui avec de nouveaux perfectionnements qui augmentent sa puissance éclairante. Il diffère des premiers en ce que les zones qui composent la partie dioptrique sont annulaires au lieu d'être polygonales, ce qui donne un effet utile plus grand ; ces améliorations sont dues à M. H. Lepaute.

OUTILS ET PIÈCES DIVERSES.

Au premier rang, nous plaçons les imposants appareils de M. Degoussée et ceux de M. Mulot, pour le forage des *puits artésiens* et *absorbants*. La réputation de ces messieurs est faite, nous ne pouvons rien y ajouter ; la récompense qu'ils attendent maintenant leur viendra bien plus du public dont ils méritent si bien la confiance, que du gouvernement, qui n'a plus rien à leur accorder.

Comme par le passé, MM. Japy, de *Baucourt*, et Coulaux, de *Molsheim*, sont à la tête de la fabrication des outils, faux, ressorts, lames de scie, fers de rabots, grosse et petite quincaillerie, vis, pitons, horlogerie à la grosse, serrurerie, etc. Si ces messieurs avaient beaucoup d'imitateurs habiles, nous n'aurions bientôt plus besoin d'acheter tant de quincaillerie à l'Allemagne, car nous ferions mieux que ce pays, et au même prix.

La fabrication de *limes*, si négligée autrefois en France, commence à se relever et à fournir des produits qui peuvent rivaliser avec ce que l'Angleterre a de plus parfait ; nous citerons particulièrement les limes et rapes de MM. Montmouceau frères, *d'Orléans* (médailles d'or en 1823, 1827 et 1834); Talabot, *de Toulouse*; Marque frères, de *Lahutte* (Vosges); Raoul, de *Paris*; Bouland, idem.

Saint-Étienne et Paris rivalisent pour la fabrication des *étaux*; mais jusqu'ici la palme reste à Paris, et notamment à M. Chamouton, dont les produits bien connus des ouvriers sont toujours recherchés avec une préférence de 2 sous par livre, sur les Schmidt, les Malespène, etc., qui font cependant bien ; mais sans toutefois atteindre à la perfection à laquelle M. Chamouton est arrivé.

MM. Derolan et Drouchin ont exposé deux machines à affûter les lames et disques de scie pour scierie verticale et circulaire, qui nous ont paru bien conçues mais d'un prix trop élevé, du moins la grande. Nous doutons dans tous les cas que leur travail, dont la régularité est mathématique, le soit davantage que celle des scies de bouchers montées, dressées et affûtées par M. Derosselle, de *Paris* ; nous avons souvent vu des scies de chirurgie moins soignées et moins régulières que les siennes.

Nous avons remarqué sous les numéros 533 et 221 deux établis de menuisiers auxquels ont été adaptés des tours mobiles ; l'un et l'autre sont également bien conditionnés ; il en est de même des rabots et varlopes du n° 221, qui sont parfaitement montés.

M. Bairée, de *Paris*, a exposé deux paires de *cisailles* pour tôlier, qui tiennent peu de place et sont d'une grande force.

Un agent de police, de service dans les galeries, disait l'autre jour en observant la foule qui se pressait autour du coffre-fort de sûreté de M. Fichet, qu'il n'y avait jamais eu un aussi grand nombre de vols avec effraction et fausses clés, que depuis l'invention des serrures incrochetables, dont les colonnes des journaux et les murs de Paris annoncent chaque jour la découverte. Nous ne savons ce qu'il faut croire de cette affirmation ; mais, dans tous les cas, nous conseillons aux curieux qui voudraient approcher trop près de la fameuse grille, de veiller sur leurs poches ; et comme il ne nous convient pas de faire de prospectus dans le *Mémorial*, nous laisserons à MM. Huret, Fichet et *tutti quanti* le soin de le faire *mousser* eux-mêmes ; et nous ne parlerons, en fait de serrures de sûreté véritablement incrochetables, que de celles de M. Letéstu, qui, bien que ne renfermant aucun secret, ont déjoué depuis deux ans l'habileté des plus grands génies mécaniques de la Force, de Bicêtre, de la Roquette, et de toutes les prisons dont les portes ont été garnies de serrures - Letestu. C'est là un témoignage qui, jusqu'à nouvel ordre, vaut mieux pour le public que toutes les réclames payées et les duels par voie d'affiches timbrées.

Quoique nous ayons consacré une longue place aux machines, il est encore un grand nombre de mécaniques, d'appareils, d'outils, dont nous n'avons pu nous occuper, faute de renseignements de la part des exposants. La place d'ailleurs est limitée, et le temps nous presse de passer à d'autres sujets.

DEUXIÈME DIVISION.

MÉTAUX.

Interrogez tous les grands industriels, les filateurs de coton, les fabricants de draps, et demandez-leur ce qui les empêche de lutter partout avec l'Angleterre et la Belgique; quelle est la cause de l'infériorité économique sur laquelle reposent leurs réclamations contre toute modification apportée dans nos tarifs, et tous vous diront : ce sont les machines qui sont trop chères, c'est le fer qui nous manque pour les construire.

On ne doit pas se le dissimuler, c'est sous ce point de vue surtout qu'il faut examiner les produits métallurgiques exposés cette année, et c'est principalement pour cette industrie, que l'on doit considérer comme la base de toutes les autres, qu'il faut regretter que des produits anglais, suédois, etc., n'aient pas été mis en présence pour lutter de prix et de qualité.

On conçoit bien qu'il y a vingt ans, la métallurgie française fût arriérée : c'était là le sort commun à un grand nombre de nos industries; mais que, depuis cette époque, la distance qui nous sépare encore de l'étranger n'ait pas été comblée, c'est là ce qu'on à peine à concevoir.

Quels sont donc après tout les quatre grands avantages assurés comme par privilége à nos rivaux les plus importants, aux Anglais, par exemple? Ont-ils le minerai en plus grande abondance? Consultez les comptes rendus publiés par l'administration des mines, et vous y verrez que, bien que le catalogue de toutes nos richesses minérales n'ait pas été complètement dressé, la France n'a rien à envier aux autres pays, tant les gîtes sont nombreux, fertiles et d'excellente qualité. — Serait-ce par hasard que les frais d'exploitation sont plus élevés chez nous? Loin de là, nos gisements étant à peine effleurés sur beaucoup de points, leurs produits sont d'autant plus faciles à recueillir et à transporter sur les hauts fourneaux; quant à la main-d'œuvre, il est inutile d'en parler, car tout le monde sait qu'à cet égard nous avons l'avantage du bon marché.

Mais d'où vient donc alors la différence si grande, du simple au double, qui sépare les prix de Swansea et de Nantes, par exemple?—D'où? eh! mon Dieu, de la chose la plus simple et cependant la plus incroyable pour beaucoup de monde: des droits excessifs sur les fers étrangers, qui n'ont profité en définitive qu'aux propriétaires de bois et forêts, gens fort honorables sans doute, mais d'un mérite industriel fort mince, on en conviendra. — Voici comment les choses sont arrivées.

Les fers anglais et suédois étant prohibés de fait par les droits qui les écrasent, et le besoin de ce métal certainement plus précieux, c'est-à-dire plus utile que l'or, étant très-grand, on a acheté à tout prix aux maîtres de forges français qui, habitués de génération en génération à fabriquer du fer au charbon de bois avec de mauvais appareils, de mauvaises souffleries, et n'étant stimulés par aucune concurrence, ont continué comme devant et ne se sont aperçus qu'à la longue que tout le bénéfice qu'ils croyaient retirer des droits passait aux marchands de bois, qui leur vendaient le combustible de plus en plus cher. Tout ceux qui n'avaient que des ressources limitiées subirent ce joug et y demeurent encore soumis; ceux, au contraire, qui trouvèrent des capitaux disponibles, se rendirent acquéreurs de bois, et joignirent cette condition lucrative à leurs fonctions stériles de maîtres de forges. Cette petite révolution n'eut pas d'autres résultats ; pour avoir été transposés, les termes de la proposition n'avaient pas changé de valeur, $2 \times 3 = 6 :: 3 \times 2 = 6$, les profits allèrent toujours au propriétaire de bois, qu'il ne fût que cela, ou qu'il se fût converti en maître de forges ; celui-ci seul ne gagnait rien.

Or, pour en revenir à ce que nous disions plus haut, la réponse à cette question : pourquoi nos fabricants de fer nous vendent-ils celui-ci à un prix si élevé ? est celle-ci : c'est parce qu'ils le fabriquent au bois, et que le bois est de plus en plus cher ; et si l'on ajoute : Pourquoi le fabriquent-ils au bois ? On répondra : de deux choses l'une : ou ils sont pauvres et n'ont pas de bois et ne peuvent pas plus acheter les appareils nécessaires pour changer leur mode de fabrication qu'ils ne peuvent acheter de forêts ; ou ils sont riches, et ils ont des bois, et naturellement ils ne veulent pas se priver eux-mêmes du débouché le plus important et le plus avantageux que puissent trouver les dépouilles de leurs forêts.

Cette position est bien réellement celle de la fabrication du fer en France, et les quelques essais malheureux tentés pour y introduire la fabrication au coke confirment notre assertion au lieu de la détruire. Tous les grands capitaux sont dans la fabrication au bois ; ils n'en veulent pas sortir. Si, dans deux ou trois occasions, quelques grands personnages plus politiques qu'industriels ont pu en réunir, ils se sont toujours engloutis en pure perte, non par suite de l'impossibilité de faire, mais par mauvaise administration, luxe d'état-major, emploi d'ouvriers étrangers payés un prix fou, oubli des lois les plus élémentaires de l'économie industrielle. C'est là et non ailleurs qu'est la source du mal de notre grande industrie métallurgique, c'est là et non ailleurs qu'il faut porter le remède, non par une augmentation de tarifs, mais au contraire par une réduction qui force les fabricants au bois à étudier les meilleurs moyens d'approprier leurs minerais au traitement par le coke, et à ne plus chercher que dans le chauffage domestique un débouché pour les produits de leurs forêts.

Quoi que nous fassions, la Suède aura toujours le bois à meilleur marché que nous; il n'y a de salut que dans la houille et dans sa combinaison avec le bois carbonisé suivant de nouvelles méthodes; comme aussi dans le mélange des minerais de différentes provenances dont les qualités diverses détruisent les défauts particuliers. Ce conseil a été donné à nos forgerons par l'administration des mines elle-même : nous ne savons pas d'autorité plus compétente.

Voici du reste les progrès de la production des métaux en France depuis quinze ans.

	1824.	1829.	1834.	1836.
Fonte	1,975,999 q. m.	2,171,249 q. m.	2,690,360 q. m.	3,083,630 q. m.
Fer	1,416,896	1,536,233	1,771,638	2,105,805
Argent	1,184 k.	1,300 k.	1,622 k.	1,895 k.
Plomb	6,963 q. m.	8,818 q. m.	6,203 q. m.	7,245 q. m.
Antimoine	85,296 fr.	65,559 fr.	240,290 fr.	305,032 fr.
Cuivre	1,516 q. m.	2,400 q. m.	933 q. m.	1,061 q. m.
Manganèse	4,599	2,192	8,489	10,924
Alca. magnas.	20,483	24,760	65,469	77,579

Voici maintenant la marche des importations :

	1824.	1829.	1834.	1836.	
Fer (1).	4,120,298 fr.	4,015,623 f.	5,014,337 fr.	6,317.553 fr.	Fer de la Suède. Fonte de l'Ang., Belg., Prusse, Allem., Sard. Acier de l'Angl., Belg., Prusse, Allem., et Suisse.
Cuivre	6,040,556	5,425,580 k.	8.117,750 k.	5,710,152 k.	Russie, Angleterre.
Étain	932,861	1,208,727	1,699,229	1,274,237	Hollande, Anglet., Cili.
Plomb	9,560,171	16,260,865	15,775,683	15,955,238	Anglet., Esp. villes anséat.
Zinc	923,286	1,836,614	7,262,448	10,533,144	Anglet., Prusse, villes ans.

(1) En 1821, nous tirions d'Angleterre 2,700,000 k. de fonte, et 10,700,000 k. de fer; en 1836, 8,449,000 k. de fonte, et 380,000 k. de fer; en 1821, 188,000 k. d'acier; en 1836, 365,000 k.

Parmi les établissements qui ont payé cher leurs tentatives d'innovation et de progrès dans la fabrication du fer, le *Creuzot* est peut-être celui qui a été le plus maltraité, et cependant il avait, comme Decaze-Ville, également malheureux, la houille et le minerai sous la main. Quoi qu'il en soit, le Creuzot (dans les environs duquel on a détruit il y a quelques années les derniers restes de la plus ancienne cristallerie de France, le Mont-Cenis) commence à se relever on pourrait presque dire de ses cendres. Une société nouvelle, qui est parvenue à se débarrasser d'une partie des dettes si lourdes de ses sœurs aînées, semble vouloir marcher, sous la direction intelligente de MM. Schneider frères, vers de meilleures destinées. Nous avons cru devoir critiquer la machine à vapeur que ces Messieurs, qui sont en même temps maîtres de forges, extracteurs de houille et mécaniciens, ont exposée; nous louerons, comme ils méritent de l'être, leurs beaux fers d'angle et de cintre pour bateaux à vapeur, qui sont d'un beau travail; ils ont, en outre, une collection curieuse de rails pour tous les chemins de fer de France : Saint-Germain, Versailles, Strasbourg, le Montet, Orléans, etc., depuis 3o jusqu'à 8 k. le mètre. Tous ces rails, avec leurs coussinets ou supports, ont été fabriqués au Creusot, et sont de la meilleure fabrication. On remarque encore, dans l'exposition de ces Messieurs, une paire de roues et un essieu coudé de locomotives, qui sont deux chefs-d'œuvre de forge, tant pour la difficulté que pour la parfaite exécution. Un arbre moteur de 5 mètres de long, et pesant 1o58 k. pour bateau à vapeur de 9o chevaux, est également une pièce fort remarquable.

Romilly et Imphy, nos deux grandes et belles usines à cuivre, font si bien depuis tant d'années, que, de leur part, la perfection n'a rien qui étonne; aussi, nous bornerons-nous à signaler seulement une feuille de cuivre de 5 mètres 95, sur 2 mètres 10, épaisseur, 005, pesant 520 k., comme étant digne de ce dernier établissement. Nous avons aussi entendu faire beaucoup d'éloges d'une nouvelle combinaison de bronze réduite en feuille et laminée, pour le doublage des navires.

M. Talabot, de *Toulouse*, déjà nommé pour ses belles limes, expose des aciers qui nous ont paru d'un beau grain, ainsi que des lames de faux, qui jouissent de beaucoup de réputation dans le commerce.

La forge de Grenelle, près Paris, s'est créé une spécialité à part; elle fabrique d'excellent fer de première qualité pour la force, le nerveux, et en même temps la douceur, avec les vieux clous et les vieilles ferrailles de Paris; nous avons surtout remarqué un arbre de 5 pouces de diamètre en 17 pieds de long, pesant 600 k., et une grande plate-bande de 15 pieds de long et deux pouces d'épaisseur, qui a été courbée à froid sans déchirures.

M. Emile Martin, de *Fourchambault*, a la plus belle exposition de grosses pièces en fonte de fer, qui soit dans la cour des métaux. Nous ne dirons pas ce qui est mieux, car tout est également bien; nous désignerons seulement, comme méritant une attention particulière, une plate-forme de chemin de fer, offrant à la fois une grande force et une grande économie de fonte, et des coussinets de rails en fonte de deuxième fusion, au moins aussi parfaite que ce qu'il y a de mieux en Angleterre.

Decaze-Ville, cet autre gouffre à millions, ce magnifique laboratoire, semblable à une manufacture royale, où l'on fait, pour ainsi dire, plus d'essais et d'expériences que de travaux marchands; Decaze-Ville, ce port ouvert à toutes les innovations et à tous les inventeurs, expose des rails fabriqués à la houille, qui nous ont paru fort beaux, mais seulement peut-être un peu secs, cassants; c'est ce que l'usage apprendra par la suite. Decaze-Ville, aussi bien placé que le Creusot pour la fabrication, l'est très-mal pour le commerce : espérons que les travaux auxquels le lit et la navigation du Lot sont soumis en ce moment mettront bientôt notre usine modèle en position de s'améliorer sous le rapport financier.

M. MUEL-DOUBLAT, directeur des forges d'*Abainville* (Meuse), a déjà été cité pour les essieux et les roues de wagons de MM. Stéhelin et Huber; nous devons le nommer encore pour son exposition personnelle qui renferme plusieurs pièces fort intéressantes, et notamment des tubes en fer étiré (*gas-pipes*), des tôles pour locomotives, une forte vis fêlée avec son écrou, etc. M. MUEL-DOUBLAT est le premier maître de forges de l'est qui ait adopté dans ses établissements les procédés perfectionnés de l'Angleterre pour la fabrication du fer; il leur a dû une grande et honorable fortune.

M. de FALATIEN, à *Bains* (Vosges), expose des feuilles de fer-blanc et des fils de fer qui lui mériteront un nouveau rappel des médailles d'or et d'argent dont il a déjà été honoré en 1823, 1827 et 1834.

La compagnie des FORGES DE FRAMONT (Vosges) a envoyé de bonnes tôles de différentes dimensions, et un tambour pour métier à filer, en fonte tournée, que les industriels d'Alsace ont beaucoup loué.

Le département de la CORSE, admirablement placé pour la production du fer, en a exposé d'excellents, noués à froid comme des cordes. Il faudrait savoir combien on a consommé de bois et de minerai pour les obtenir; tout est là.

MM. Doé frères, de Saint-Maur, près de Paris, font de bon fer, mais nous doutons que leur établissement soit convenablement situé. Ces Messieurs, qui n'ont pas, comme la forge de Grenelle, la ressource de se servir des vieilles ferrailles de Paris, font venir leurs minerais de la Haute-Marne; le combustible de nous ne savons où. Il nous semble que tant de frais de transport sur des matières brutes, qu'une main-d'œuvre si coûteuse, ne sont pas de bons éléments de succès industriel : c'est une faute pareille qui a ruiné Charenton.

MM. Regnier et comp., et MM. Gandillot et comp., ont exposé les uns et les autres des tubes creux étirés et soudés. Nous ne connaissons pas ceux de la maison Regnier, mais nous avons vu ceux de M. Gandillot réussir complètement dans tous les emplois auxquels on les a adaptés, et notamment au chemin de fer de Saint-Germain, où ils remplacent, avec une immense économie, les essieux de wagons en fer plein. C'est là une industrie toute nouvelle et que M. Gandillot a pour ainsi dire créée; nous la croyons appelée à prendre les plus grands développements, non seulement comme essieux, mais encore et surtout pour conduite d'eau et de gaz, leur solidité étant de beaucoup supérieure à celle du plomb et de la fonte.

Les forges de Sionne, près de *Neufchâteau*, ont exposé des fers de roche, bien corroyés, et des échantillons de cloux pour chemins de fer, qui prouvent en faveur du métal avec lequel ils ont été fabriqués.

MM. Malespine, de *Saint-Étienne*, et Abatmorlière, de *Pamiers*, produisent des aciers qui nous ont paru d'une bonne fabrication ; mais il nous semble cependant que MM. Jackson frères, à *Rives*, conservent toujours leur ancienne supériorité. L'exposition de cette dernière maison est la plus complète que nous ayons vue. Deux lingots d'acier fondu, soudés ensemble, un autre étiré à différents diamètres, de l'acier de rasoir, de l'acier de canif, de l'acier de polissoir, acier de coutellerie, etc., tout s'y trouve.

M. Sirhenry, dont le nom est si connu, a exposé des aciers rendus fusibles par un procédé pour lequel il a pris un brevet. Au moyen de ce procédé, M. Sirhenry fond en acier toutes les pièces les plus difficiles à forger, tous les outils à douille, dont le perçage et le montage étaient pres-

que toujours vicieux, et demandaient beaucoup de temps;
une fois les pièces fondues, il les recuit, puis les travaille,
les trempe et les polit. La collection d'outils de toute pro-
fession, exposée par M. Sirhenry, est fort belle; il annonce que sa maison peut livrer ces produits de 3o à 5o
pour 100 au dessous des outils en fer forgé et aciéré,
bien que les siens leur soient de beaucoup supérieurs. Il
vend ses cloches, dont le son est très-beau, à 1 fr. la livre,
au lieu de 1 fr. 5o et 1 fr. 6o que se vend, dans le commerce, le métal de cloche.

La *fonte malléable* est représentée à l'exposition
par la maison BARRE, qui exploite le brevet pris pour
cette découverte. Nous avons vu des pièces de fonte
rendues malléables par ce procédé, qui avaient été marte-
lées et tordues à froid sans qu'il en fût résulté de rupture.
C'est là un fait impossible à nier. Nous n'affirmerons pas
pour cela que le procédé soit parfait : l'expérience ne l'a
pas encore assez éprouvé; mais ce qu'il y a de certain du
moins, c'est qu'il est possible d'obtenir de la fonte malléable : or, c'est là un grand point. Reste encore à savoir si
les grandes baisses de prix que l'on nous promet sont
réelles; toujours est-il qu'il y a engagement moral par le
fait de l'indication officielle des prix de vente.

Quant à M. SOREL et à sa découverte, on connaît les
débats qui se sont élevés depuis l'approbation donnée par
l'académie des sciences. Nous ne déciderons pas de quel
côté est la vérité. Nous dirons seulement que nous avons
vu, dans la même maison, des bancs de jardin en fer
creux, galvanisés, qui s'étaient parfaitement conservés,
et d'autres que la rouille avait attaqués et qu'il a fallu faire
repeindre. Nous ajouterons, en outre, que la galvanisa-
tion proprement dite a l'inconvénient de donner aux objets qui y ont été soumis une couleur d'un gris terne fort
désagréable à la vue; mais pour ce qui concerne la peinture galvanique, dont nous ne connaissons pas l'effet,

beaucoup de machines à l'exposition étaient peintes par ce procédé, ainsi que de très-nombreux écriteaux en informaient le public à chaque pas.

Les systèmes de toiture en zinc se multiplient dans la cour des machines ; l'expérience seule peut décider de leurs mérites respectifs. Nous parlerons plus sûrement de la matière première, des *zincs laminés*, que l'ancienne MANUFACTURE ROYALE, dont le siége est aujourd'hui rue de Bercy-Saint-Antoine, fait avec tant de perfection, ainsi que les plombs laminés.

MM. Voisin et comp. exposent des plombs coulés en table, d'une grande dimension, qui nous ont paru trés-bien faits; mais on sait que le plomb laminé, qui est beaucoup plus pur et ne pèse que 9 livres au lieu de 11 pour une dimension donnée, est préférable sous tous les rapports.

M. Desbassyns de Richemont a pris un brevet pour un procédé de soudure sans étain, qui sera fort utile, si le temps confirme les promesses faites jusqu'ici par de simples essais.

Comme fonte moulée, nous citerons avec les mêmes éloges M. Calla et M. André. Leurs ornements de croisées, de grille, de balcons, sont bien dessinés et parfaitement venus. — La composition étrange des figures destinées aux fontaines de la place Louis XV nous empêche peut-être de rendre justice au mérite de leur fonte, due à M. Muel (de *Tusey*); nous ne pouvons, d'ailleurs, en parler avec connaissance de cause, car il nous a été impossible de découvrir si quelque défaut de fonte ne se cachait pas sous la couche de peinture et de vernis dont elles sont revêtues.

La *tréfilerie*, cette modification importante de nos métaux, fait chaque jour de nouveaux progrès. M. Mouchel, de *l'Aigle*, ne concourt pas cette année, mais il expose, et il est facile de voir que, sans sa qualité de membre du jury, il eût encore remporté, comme en 1834, la récompense de premier ordre. — MM. Wiz, Steffan et Oswald, d'Alsace, ont exposé des fils pour toile métallique, de la plus grande finesse et de la plus admirable régularité; nous croyons impossible de faire mieux. — M. Mignard-Billinge soutient, en l'augmentant sans cesse, son ancienne réputation; nous ne savons si le jury a encore quelque chose à lui accorder.

Nous ne terminerons pas ce chapitre des métaux sans appeler l'attention sur le plan exposé par M. Laignel, ingénieur, de son système de *courbes à petit rayon*. Tous les corps savants, les deux chambres, l'administration elle-même, tout le monde est convaincu matériellement de la bonté de ce système, des avantages qu'il offre, et qui viennent encore d'être constatés en Belgique par les ponts et chaussées; et cependant on les repousse, on ne veut pas admettre de travaux construits sur ce système. Pourquoi? On ne le dit pas. Quelques uns pensent qu'il y a long-temps qu'il serait adopté, s'il eût été découvert par un membre du corps royal!... Un pareil amour-propre, menant à de telles injustices, est indigne de nos savants ingéniers; il doit y avoir une autre cause,... il est vrai que nous ne pouvons la soupçonner.

En somme, les métaux exposés sont d'une belle fabrication; mais, ainsi que nous l'avons dit déjà, la question n'est pas de savoir si l'on peut faire, mais à quel prix l'on peut faire; et l'exposition ne répond pas à cette question. Elle donne bien quelques prix, mais ils sont de 100 pour 100 au dessus des cours anglais; la consommation doit-elle être condamnée éternellement à de pareils sacrifices?

TROISIÈME DIVISION.

PRODUITS CHIMIQUES.

Entre toutes les branches si diverses du travail industriel, celle qui comprend les arts chimiques peut être considérée comme réclamant, de la part de ceux qui l'embrassent, l'instruction et les connaissances les plus spéciales.

Les premiers fabricants de produits chimiques furent des savants que les besoins pressants du pays arrachèrent à leurs laboratoires, pour les placer à la tête d'ateliers improvisés ; les plus habiles d'entre leurs successeurs sont encore aujourd'hui, et de plus en plus, de véritables savants, dont plus d'un a droit à un siége académique.

Durant cette période qui comprend les cinquante années écoulées de 1789 à 1839, l'école dont Monge fut un des fondateurs a été souvent la source féconde qui a fourni des hommes d'élite à l'industrie ; d'autres fois, et tandis que cette magnifique institution nous créait de toutes pièces des hommes à inventions et à découvertes, la société d'encouragement faisait de fréquents appels au talent ignoré, et tirait de la foule des travailleurs de modestes praticiens auxquels n'avait manqué jusque là qu'un moyen de se produire, et qui mettaient alors au jour des idées fructueuses, nées d'une longue expérience éclairée par un génie naturel.

Si depuis quelques années ces deux grands colléges de la théorie et de la pratique ont semblé fournir moins

de candidats aux couronnes industrielles, si plus d'illus-
trations ont surgi hors de leur sein, on retrouve souvent
encore, cependant, la trace de leur influence dans les découvertes que l'historien de la science enregistre chaque
jour. Non, le lien intellectuel que ces deux nobles insti-
tutions avaient établi entre le cabinet et l'atelier n'est pas
rompu ! Jamais, au contraire, il ne fut plus intime, et s'il
est moins apparent, c'est seulement parce que beaucoup
de savants de laboratoire ont mis le pied dans la fabrique, et qu'un plus grand nombre d'hommes d'action ont
fait un pas dans le domaine de la pensée. La barrière qui
séparait autrefois ces deux classes de travailleurs est aujourd'hui brisée, parce que tout le monde est bien convaincu qu'il n'y a de succès pour l'une que dans l'alliance
de l'autre. Le praticien sait le prix des conseils du savant,
et celui-ci, à son tour, connaît la valeur de l'homme d'action, qui comprend enfin son langage et s'est habitué à le
traduire en résultats matériels.

Sûr maintenant de trouver les moyens de mettre ses
idees à exécution, l'homme de recherches ne craint plus
de s'y livrer tout entier ; le riche salaire de sa peine viendra le trouver le lendemain de sa découverte, à côté de
laquelle il n'est plus, comme Leblanc, Lebon, et tant
d'autres qui l'ont précédé, exposé à mourir de faim.

Grace à cette heureuse révolution, les connaissances
scientifiques, bien que tombées, pour ainsi dire, dans le
domaine public, ont par cela même acquis une valeur
plus grande que par le passé ; de nos jours, la science n'a
plus besoin, comme autrefois, d'endosser la livrée d'un
grand seigneur pour s'assurer un lendemain, elle s'est
créé un vaste domaine qui s'accroît chaque jour et qui
enrichit ceux qui le cultivent en appelant au partage de
ses fruits l'humanité tout entière.

L'esprit de patriotisme d'abord, la gloire et l'intérêt ensuite, furent les grands mobiles qui inspirèrent nos in-

venteurs et les animent encore. En premier lieu il fallait sauver le pays ; on se montra plein de dévoûment et de génie ; puis, le danger passé, on songea à exploiter au profit de l'individu les découvertes ainsi faites au nom du salut public, et à en accroître encore les brillants résultats par de nouvelles innovations.

Deux causes ont ainsi hâté les progrès des sciences chimiques appliquées à l'industrie. La première est la nécessité, qui fit une loi de la création d'une foule de succédanés propres à tenir lieu des produits naturels ou fabriqués, que la guerre ne nous permettait plus de recevoir du dehors. La seconde, qui se produisit au retour de la paix, est la concurrence que nous eûmes à soutenir contre toutes les industries rivales des autres nations, qui, de même que nous, avaient marché pendant vingt ans et nous livrèrent plus d'un rude combat. C'est elle encore qui nous pousse aujourd'hui ; nous lui devons nos plus belles, nos plus précieuses conquêtes.

Ce serait, chacun le comprend, une bien curieuse histoire à faire que celle des progrès de la chimie, depuis un demi-siècle : de ces progrès qui furent d'abord un devoir et sont demeurés un besoin. Mais nous voudrions que ceux qui l'entreprendraient se rappelassent bien que ce n'est pas seulement d'une histoire scientifique qu'il s'agit, mais de l'histoire de la science appliquée à l'industrie.

Dans notre pensée comme dans nos écrits, nous conserverons toujours le plus profond respect pour les savants théoriciens qui font des découvertes, mais, nous l'avouons hautement, toute notre sympathie est acquise aux savants praticiens qui font sortir de ces découvertes des résultats matériels. Que les honneurs et les distinctions aillent chercher les d'Arcet, les Thénard, les Gay-Lussac, c'est justice ; mais qu'à côté de ces belles et nobles récompenses il y en ait d'autres, et de premier ordre aussi, pour les disciples intelligents de ces grands maîtres qui,

saisissant leurs idées, savent créer à leur tour les moyens
de les féconder et ne craignent pas dans l'occasion de
secouer même le joug du talent, pour arriver au but. C'est
là une autre espèce de justice dont le jury est en cette circonstance le dispensateur officiel.

Les produits exposés cette année sont presque tous les
résultats de ces découvertes si rapidement faites à partir
de 1789, et qui ont comme obéi aux influences diverses
que nous venons de signaler. Bien peu, certes, étaient
connus avant cette époque ; quelques uns même étaient
ignorés en 1834, ou ne s'obtenaient que comme essais de
laboratoire ; ils ont acquis aujourd'hui une valeur industrielle et se présentent comme produits commerciaux.
Nous consacrerons à ceux-ci un examen spécial ; une simple mention suffit pour ceux qui n'ont d'autre mérite que
celui d'être dignes de leurs aînés, car en industrie plus
qu'en toute autre chose, rester en place quand les autres
marchent c'est reculer.

La COMPAGNIE ANONYME DE SAINT-GOBAIN, à *Chauny*
(Aisne), dont les produits en soude et en acide muria-
tique s'offrent les premiers aux regards du visiteur qui
pénètre dans la galerie des produits chimiques, sont d'une
excellente fabrication, mais non point des tours de force
exécutés pour l'exposition. Chauny livre toujours aussi
beau au commerce, seulement nous ignorions qu'il fît en
grand les sels de soude purs ; ce produit, mais celui-là
seul, n'a probablement été obtenu que comme échantillon.

L'exposition des MINES DE BOUXWILLER (Bas-Rhin),
qui suit celle de la compagnie anonyme de Saint-Gobain,
offre par sa variété et son importance un plus grand
intérêt encore pour l'industrie et le commerce. Les fabriques d'Alsace, de Lyon, de Paris même, connaissent depuis long-temps les produits de cette maison, qui, depuis
1818, époque de sa fondation, n'a cessé d'améliorer ses

procédés et d'accroître ses moyens d'action. Le nombre des ouvriers qu'elle emploie s'élève à 300 ; les produits qu'elle livre au commerce se composent de sulfate de fer, 5,000 quintaux ; alun, 7,000 quintaux ; sulfate de fer et cuivre, dit vitriol de Salzbourg, prussiate de potasse, sel ammoniac, colle d'os, phosphore, noir d'os et bleu de Prusse, ensemble 2,000 quintaux environ. Une grande partie du sulfate de fer et de l'alun se vend à l'étranger, où l'on trouverait un débouché plus considérable pour ce dernier produit, si la douane remboursait à la sortie les droits qu'elle perçoit à l'entrée sur l'alcali qui entre dans sa composition. La fabrication de la colle d'os à Bouxwiller ne remonte qu'à 1833 ; depuis cette époque les directeurs de cette usine ont fait une étude particulière de ce produit ; ils ont reconnu que la colle forte extraite des os avait sur la colle forte ordinaire l'avantage de contenir moins d'eau de composition et d'être par cela même à l'abri de la fermentation et de la putrescibilité, ce qui permet de l'employer pour le parage des chaînes des tissus de coton teints en fil, usage auquel on ne peut appliquer la colle forte de peau ; nous ajouterons en outre que la colle d'os de Bouxwiller ne se vend, depuis la terne jusqu'à la blonde fine et brillante, que de 180 à 225 fr. le quintal m.

Le phosphore, dont la consommation s'est si considérablement accrue depuis quelques années, est produit sur une grande échelle à Bouxwiller, qui envoie à l'exposition du phosphore en grain comme nous n'en avions pas encore vu, et qui nous a semblé d'un service plus facile que celui en tiges.

La fabrication du bleu de Prusse, si perfectionnée depuis cinq ans, l'a été surtout dans les usines dont nous examinions la loyale et riche exposition ; l'échantillon de bleu superfin cuivré est d'une beauté parfaite ; quelques expériences que nous lui avons fait subir nous ont montré

combien il était soluble et quelle riche nuance il produisait. Les mines de Bouxwiller, qui ont obtenu la médaille d'argent en 1823, 1829 et 1834, ne se distinguent
pas moins par la modicité de leurs prix que par l'importance de la fabrication et la perfection des produits. Voici l'indication de quelques prix moyens : 3 qualités d'alun, à 30, 34 et 45 fr. le quintal métrique ; 3 de
sulfate de fer, à 12 fr. et 12 fr. 50 c. ; 2 de vitriol de
Salzbourg, à 55 et 65 fr. ; sel ammoniac gris et blanc,
3 fr. et 3 fr. 50 ; muriate d° cristallisé, 2 fr. 40 c. ; car-
bonate d° concret, 3 fr. 50 ; ammoniac caustique liquide, 2 fr. ; prussiate de potasse, 5 fr. 50 le k. ; rouge
d'Angleterre, 30 fr. le q. m. ; noir d'os, 20 et 25 fr. ;
phosphore en grains et en tiges, 25 fr. le k. ; bleu de
Prusse, 7 qualités de 2 fr. à 9 fr. le k. ; bleu minéral, 3
50 et 4 fr.

Les nouveaux produits que M. SELLIGUE extrait des
schistes bitumineux étaient exposés à deux cases de distance de celle occupée par les mines de Bouxviller.

M. Selligue, dont tous nos lecteurs connaissent les travaux antérieurs, est un infatigable explorateur des richesses inconnues. Novateur et révolutionnaire par nature, il ne s'est jamais occupé d'une industrie sans la
doter de quelque grande découverte. Soit qu'il invente
lui-même, soit qu'il féconde les idées d'autrui, son active
et fertile imagination, qui ne sait pas prendre de repos,
travaille sans relâche à la solution de nouveaux problèmes
industriels. L'imprimerie, l'éclairage au gaz, lui sont re-
devables de plusieurs améliorations importantes ; voici
une industrie qui va lui devoir plus encore, car il lui
donne la vie, et, dès les premiers jours, la fait marcher à
pas de géant.

Les schistes dont M. Selligue a entrepris l'exploitation ont leur gisement à Saint-Léger (Saône-et-Loire).
Cet habile chimiste en extrait de la graisse minérale épu-

rée, pour remplacer l'huile de pied de bœuf dans le graissage des mécaniques, et ne la vend que 5o fr. les 100 k., de la graisse noire pour voiture, à 45 fr., du goudron à 12 fr., du bitume liquide pour gaz à 16 fr., du vernis à 18 fr., de l'huile pour éclairage à 4o fr., des bougies et de la cire à 18o et 200 fr. les 100 kilos. C'est, on le voit, plusieurs révolutions en germe. Tous ceux qui connaissent M. Selligue et qui l'ont vu à l'œuvre en augurent du moins ainsi. Nous ne craignons qu'une chose, c'est que, comme cela lui est déjà arrivé plusieurs fois, il ne lâche la proie pour courir après l'ombre ; nous voulons dire qu'il n'abandonne cette nouvelle découverte si pleine d'avenir, pour une autre dont toute la supériorité sera d'être plus récente.

A côté des schistes et de leurs produits, qu'avec un peu de temps on rendrait parfaits, sont des sous-carbonates et bi-carbonates de soude dans le plus grand état de pureté possible. M. F. Brosson, qui les expose, n'est pas un industriel non moins ingénieux et moins habile que M. Selligue ; seulement il a de plus que celui-ci la persévérance, qui lui permet de mener à terme toutes ses entreprises, tandis que le premier s'arrête toujours après l'ébauche. Écrire la vie de M. Brosson serait rédiger un chapitre de la grande histoire, qu'un petit-fils de Montiel écrira quelque jour, peut-être, à l'honneur des hommes de travail qui, partis de la condition la plus humble, se sont élevés par la seule force de leur intelligence et de leur volonté jusqu'aux premiers rangs de la société. M. Brosson, en effet, est l'un de ces hommes précieux dont nous parlions tout à l'heure, qui savent comprendre les énigmes de la science, et traduisent au profit de tous les conseils parfois obscurs des savants émérites. Simple cultivateur dans un pays dont les richesses naturelles se perdent faute de moyens de transport, M. Brosson, né à Volvic, se fit d'abord marinier sur la rivière la plus innavigable de France, l'Allier, pour ne rien ignorer des difficultés qu'il aurait à vaincre plus tard ; pour exécuter les projets qu'il couvait déjà. Depuis des siècles, le sol de son pays étouffait sous les ondes de lave figée que les volcans avaient vomis ; il essaya de rendre la terre à l'agriculture, tout en utilisant la croûte solide dont il la délivrait ; aucune étude, aucune fatigue ne le rebutèrent ; il apprit à la fois et la géométrie et la taille des pierres, et construisit dans les ateliers qu'il ouvrit, au sein d'une contrée jusque là dépourvue d'industrie, des monuments qu'on admire encore au Père-Lachaise de Paris (1) et à la bibliothèque de Moulins (2). Donnant encore plus d'extension à cette entreprise, il couvrit bientôt nos rues et nos boulevards de trottoirs en lave, dont il sut prévenir l'usure par un choix parfait, et qui n'ont été discrédités dans ces derniers temps que par caprice et aussi par la négligence de ses successeurs, qui n'ont plus envoyé que des laves de rebut. C'est une industrie malade, mais non point morte, et à laquelle le créateur vient de rendre un nouveau service en appliquant sur les dalles une préparation bitumineuse qui, en les rendant imperméables, les met à l'abri du seul agent de destruction qu'elles aient à craindre, l'usure par amollissement causé par l'humidité.

Ingénieux et savant à toutes les époques de sa vie, M. Brosson a, comme M. Selligue, laissé des traces de son passage dans tous les pays qu'il a parcourus, dans toutes les industries qu'il a étudiées.

On lui doit les moyens de rendre les tuyaux de conduite imperméables, procédé pour lequel une médaille d'or lui fut décernée par la société d'encouragement. Il y a quelques années, on avait reconnu un riche gisement

(1) Le tombeau de la famille de Plaisance.

(2) L'escalier de cette bibliothèque, qui a été construit en face de Volvic, par M. Brosson, est regardé comme un modèle de stéréotomie. (Voir la notice publiée par la société d'encouragement.)

de kaolin, matière première de la porcelaine, à Échassières (Allier); mais lorsqu'on voulut s'en servir, on reconnut qu'elle venait mal à la cuisson, et ne recevait pas d'une manière satisfaisante les couleurs de carmin. M. Brosson se mit à l'œuvre, il analysa les kaolins et indiqua les traitements qui leur convenaient; aujourd'hui ils se cuisent parfaitement et reçoivent toute espèce de couleur. Lorsqu'il fut question de propager la culture du mûrier en France, M. Brosson fut le premier à donner l'exemple dans son pays, où il en fit planter 5,000 pieds. Bien que des faits nombreux et non moins honorables soient encore à notre connaissance, nous nous arrêterons ici, satisfaits d'avoir montré combien un homme, entièrement fils de ses œuvres, pouvait réunir de titres à la faveur et à la reconnaissance de son pays; nous terminerons ce qui concerne M. Brosson par ce qui se rapporte aux produits qu'il expose, et à l'occasion desquels nous aurons encore des faits curieux à citer.

Il y a dix ans environ, notre savant M. d'Arcet, visitant les eaux thermales de Vichy, s'étonna qu'un industriel intelligent n'eût pas encore tiré parti de l'excès d'acide carbonique dégagé en pure perte par les sources de Vichy et des environs, pour traiter des soudes et les amener à l'état de bi-carbonates purs et bien saturés. Ces observations de M. d'Arcet avaient été recueillies par le pharmacien de Vichy, qui voulut essayer de les mettre à exécution, mais qui, malgré toutes les ressources dont il disposait, ne put jamais produire que de mauvais bi-carbonates, indignes de ce nom, tant ils étaient impurs et mal saturés, et que cependant il ne pouvait pas vendre au dessous de 20 fr. le kil., ce qui força M. Robiquet de Paris, qui avait le monopole de cet article, de continuer ses approvisionnements en Angleterre, aux prix de 5 à 6 francs le kil., comme nous l'avons dit.

Certain que M. d'Arcet n'avait pu se tromper, mais

se doutant qu'il avait été mal compris, M. Brosson se ren-
dit, il y a quelques années, adjudicataire des bains de
Vichy et acquéreur des sources d'Hauterive, qui jouissent
des mêmes propriétés. C'est dans cette dernière localité
que M. Brosson a établi sa fabrique. Les résultats qu'il
obtint de cette nouvelle industrie, implantée dans un
pays qui ne connaissait guère encore que celle dont il
avait été déjà l'introducteur, furent magnifiques ; ce sont
ceux que l'on a vus à l'exposition : des bi-carbonates
plus beaux et plus purs que ceux venant d'Angleterre et
se vendant dès aujourd'hui à 1 fr. 3o c. le kil. au lieu de
5 fr. Les conséquences de ce magnifique procédé sont
incalculables : déjà la consommation, qui n'était que de
8 à 10,000 kil. par an, s'élève à plusieurs centaines de
mille ; la fabrication des eaux gazeuses, eau de Seltz, limo-
nades, grogs, etc., en a reçu une puissante impulsion ; et
mille débouchés secrets, fermés jusque là et dont on
ignore l'origine, se sont ouverts tout à coup, et assurent
à M. Brosson un placement certain pour tout ce qu'il
pourra produire, dans une limite qu'on ne peut encore
indiquer.

La société d'encouragement, qui se trompe bien quelquefois, mais dont cependant on doit louer la sollicitude
toujours active en faveur des intérêts de l'industrie, a
voté à M. Brosson, pour cette nouvelle découverte ajou-
tée à tant d'autres, et à l'unanimité de la section de
chimie, une grande médaille de platine qui ne doit être
que le précurseur de la distinction spéciale que le jury,
qui apprécie non seulement la valeur industrielle des
inventions qui lui sont soumises, mais encore leur valeur nationale, leur influence sur le bonheur des habitants et la fortune du pays, réserve certainement à
M. Brosson, qui a fait plus que baisser un produit de 6o
pour cent, mais qui l'a nationalisé ; qui a découvert en
quelque sorte un département français en y faisant pé-

nétrer l'industrie, dont les ressources et les occupations viennent remplir les loisirs forcés des travaux agricoles.

M. Poissenet, voisin de M. Brosson, n'expose rien de nouveau; son prussiate de potasse n'est pas pur, il est sale et vert; ses produits ammoniacaux sont parfaits, seulement nous ne les connaissions que pour leur qualité, mais non pour la beauté de leur aspect. M. Poissenet pourrait-il fournir beaucoup de pains aussi gros et aussi propres que celui qu'il a exposé?

M. Houzeau-Vély, de *Reims*, fait depuis quelque temps concurrence à Paris pour les sels ammoniacs gris et blancs; ce qu'il a montré est bien ce qu'il fabrique ordinairement; quant à son noir animal, nous lui demanderons si le prix qu'il a indiqué est celui de la livraison à Paris ou à Reims. Dans le premier cas, il pourrait avoir le droit de compter sur une forte vente sur notre place.

MM. Bobée et Lemire, de *Choisy-le-Roi*, les fondateurs de la distillation du bois, sont dignes de leurs antécédants; leur acide acétique à 85 c., leurs acétates de cuivre et de plomb, et leur éther sulfurique, ne laissent rien à désirer.

Les progrès de la fabrication des soudes artificielles servent de stimulant à MM. Delaunay et Villedieu, de *Cherbourg*, qui exploitent les varechs du littoral pour en faire de la soude naturelle qui nous a paru belle. Ces messieurs exposent aussi de l'iode et du brôme.

M. Buran, de *Grenelle*, est le gérant d'une société en commandite qui a pris la suite des affaires d'une ancienne et honorable maison, celle de M. Payen. M. Buran expose un assez grand nombre d'articles; nous avons remarqué des soufres en canons d'une grande beauté, et qui nous ont paru être plus forts que ceux que l'on rencontre d'ordinaire dans le commerce; des borax dont il a pour ainsi dire le monopole, par suite de son traité avec la compagnie privilégiée des marennes de Toscane. (Le pain de borax exposé nous a semblé avoir, pour le dire en passant, beaucoup de traits de famille avec celui exposé il y a cinq ans par la même maison.) Quant au mercure doux, il est si bien garanti de l'action de l'air par le sac dans lequel on l'a renfermé, qu'il nous a été impossible de le voir.

MM. BERGERAT ET LETELLIER ont présenté des nitrates de cuivre et de fer, ainsi que du camphre parfaitement fabriqués.

M. PELLETIER DELONDRE et M. THIBOUMERY se partagent la production des sulfates de quinine, que M. Leroux s'efforce de remplacer par la SALICINE. Nous laissons à l'académie de médecine à décider qui doit avoir la palme.

M. KUHLMANN, de *Loos* (Nord), est un homme sur lequel nous aurions désiré pouvoir appeler l'attention du jury; son acide sulfurique fumant de Nordhausen, obtenu par l'éponge de platine, est digne de toutes les distinctions. C'est un produit que nous achetions jusqu'ici à l'Allemagne, et que nous trouverons maintenant chez nous. Nos teinturiers y gagneront et nos ouvriers aussi.

M. KESTNER, de *Thann*, expose différents objets parmi lesquels nous avons remarqué un beau deuto-chlorure d'étain, que les teinturiers emploient comme mordant, pour donner le bon teint à l'étoffe.

LA FABRIQUE DE PRODUITS CHIMIQUES *d'Épinal* (Vosges) est également riche d'un assez grand nombre d'échantillons; elle a des acides sulfuriques et tartiques, de soudes à divers états, et des manganèses provenant des mines du département. C'est là pour le pays un nouvel élément de richesses, que l'intelligence des habitants saura richement féconder.

Les jaunes de chrôme de MM. MILIUS frères sont

d'une belle couleur, mais un peu lourds. — Les amidons de M. Reybaud, tant en aiguilles qu'en paquets et pour gaze, nous ont paru d'une très-bonne qualité.

En fait de produits pour teintures, nous signalerons les bois moulus par procédé mécanique, de MM. Uruty, de *Roüen*, Vallery, de *Saint-Paul* (Eure), Rémond, de *Roüen*. A Paris et dans les environs, on procède autrement qu'en Normandie: au lieu de triturer les bois pour les réduire en poudre, on en extrait la matière colorante, qui s'emploie ensuite à la dose convenable. Les représentants de ce procédé nouveau sont MM. Brocchieri, de *Paris*, Bessey, *idem*, Paney, de *Puteau*, Michel, *idem*. Le premier a présenté des extraits de bois de campêche, solidifiés et durs, à 1 fr. 30 c. la liv.; de garance en pâte solide, à 1 fr. 25 c.; de gaude, à 1 fr.; de sandal, dont le prix de revient est de 6 fr.; de rathania à 6 et 10 fr. Nous laissons à la pratique à ratifier les promesses faites par les fabricants d'extraits de bois de teintures. Si l'emploi était tel qu'ils l'annoncent, il procurerait une énorme économie dans les frais de transport des bois tinctoriaux, que l'on ne ferait plus voyager que par extraits.

Pendant que nos chimistes et nos industriels s'attachent à remplacer l'indigo par le bleu de Prusse et l'outre-mer factice, et que MM. Souchon, Guimet, Brief et Bergeron, obtiennent des médailles de 1re, 2e et 3e classe, pour leurs belles couleurs bleues, que MM. Merle et Malartie appliquent avec tant de succès sur nos étoffes de toute espèce, et dans toutes les nuances; voici venir M. Jaume Saint-Hilaire, qui prétend détrôner à son tour le prussiate de fer par la matière colorante qu'il extrait du *poligonum tinctorium*, dont il a entrepris la culture et qui lui a donné les quelques flacons de couleur bleue qu'il a exposés dans la galerie des tissus de soie. Cette lutte toute nationale intéresse vivement l'industrie, et sans chercher à en prévoir l'issue, nous enre-

gistrons avec plaisir les titres et les noms des candidats,
qui, nous l'espérons, se partageront le prix sans se l'arracher.

Plusieurs maisons avaient exposé des céruses ; nous
avons surtout remarqué celles de MM. ROARD, de *Clichy*,
qui sont toujours dignes de la faveur dont elles jouissent.
M. LEFEBVRE, aux *Moulins* (Nord), nous a paru suivre
leurs traces de bien près et être bientôt de force à lutter
avec eux.

La gélatine, dont nous avons déjà dit quelques
mots à l'occasion des mines de Bouxwiller, est fabriquée
maintenant dans un grand nombre d'établissements, et
les beaux échantillons n'étaient pas rares à l'exposition.
Les plus belles, les plus transparentes étaient celles de
M. GRENET, de *Rouen* ; venaient ensuite M. SIGORET, de
Marseille, puis enfin M. LANDINI, à *Grenoble*. —MM. ES-
TEVANT fils aîné, de *Givet*, et ESTEVANT ET DONAU, de la
même ville, sont toujours à la tête de la fabrication de
la colle-forte de peau ; sans être arrivé à la même perfection, M. FIRMENICH, de *Metz*, obtient des colles de bonne
qualité, qu'il vend à des prix modérés.

BOUGIES ET CHANDELLES.

Les travaux de M. Chevreul, sur les corps gras, ayant
donné lieu à la création d'une industrie nouvelle qui agit
par procédés chimiques, nous parlerons ici des bougies
stéariques que M. de MILLY, fondateur de la société
connue sous le nom de l'*Étoile*, est parvenu le premier à
obtenir en fabrication courante.

Les produits de M. de Milly se tiennent toujours sur
la première ligne pour la qualité ; nous lui reprocherons
seulement d'avoir un peu trop compté sur sa réputation,
d'ailleurs bien méritée, en négligeant l'exposition au
point de n'y envoyer que des bougies d'un blanc gris et

sale, qui faisaient contraste avec la blancheur parfaite des autres bougies stéariques, dites de l'Éclipse, du Globe, du Soleil, du Phénix, du Phare, de la Comète, Royale, etc. Quelques unes de ces dernières étaient fabriquées avec les acides stéariques de M. DELACRETAZE, de *Vaugirard*, qui se faisaient remarquer par leur belle couleur et leur dureté. Quant aux chandelles-bougies qu'on avait exposées, c'est tout simplement de la chandelle ordinaire faite avec des suifs préparés à l'acide sulfurique, auquel ils doivent d'être plus secs, moins coulants et moins puants; cette espèce de chandelle se vend encore 18 sous la livre au lieu de 13; avant deux ans elle sera seule en usage et son prix tombera de 20 p. o/o.

SAVONS.

On sait que le suif se compose d'une partie sèche, dure, brillante, nommée acide stéarique; c'est avec celle-ci que l'on fait les bougies; et d'une autre partie, jaune, molle, puante, nommée acide oléique, qui est séparée de la première par la pression, en attendant que l'on arrive au même résultat par des agents chimiques qui devront opérer d'une manière plus complète, plus simple et plus économique. Cette seconde partie est utilisée sur une grande échelle dans la fabrication des savons, à laquelle nous nous trouvons ainsi naturellement conduits.

Comme tant d'autres branches d'industrie, l'art du savonnier a subi de nombreuses modifications depuis un certain nombre d'années. Il y a peu de temps encore que les savons blancs, marbrés bleu, fabriqués à Marseille avec les huiles d'olive de la Provence et celles que l'on tirait de l'Italie et des États barbaresques, remplissaient seuls la consommation et s'expédiaient au loin. Les savons jaunes, connus sous le nom de savons anglais, et dans lesquels l'huile de résine remplace économiquement l'huile d'olive, n'avaient d'écoulement chez nous qu'en Bretagne; hors ce point reculé ils n'obtenaient aucune faveur. C'est Paris qui, depuis six ou huit ans, s'est approprié la fabrication des savons de résine, que nous croyons appelés à prendre de grands développements, tant à cause de leur excellente qualité détersive que pour leur bon marché, puisqu'à l'avantage d'être solubles dans toute espèce d'eau, ils joignent celui de ne pas se vendre plus de 75 à 80 fr. les 100 kilog., soit 7 sous et demi à 8 sous la livre; le prix de vente au public étant fixé à 85 fr., offre encore, on le voit, de beaux avantages aux fabricants.

La résine qu'on emploie maintenant dans l'industrie des savons se mélange dans une proportion de 3o à 33 p. 100 avec l'acide oléique obtenu par le traitement auquel on soumet les suifs pour en extraire l'acide stéarique. L'odeur un peu forte de la résine disparaît sous une adjonction d'huile de palme qui jaunit un peu le savon, et le parfume agréablement; quelques savons exposés ont été fabriqués avec de l'huile de palme seule; les plus belles tables ont été obtenues par M. Demarson.

Ce fabricant est celui que nous considérons comme le plus habile de tous ceux qui ont pris part à l'exposition, ses savons de toilette et de pharmacie sont très-beaux, très-durs et parfaitement marbrés; nous observerons, par exemple, que leur prix est trop élevé à 200 fr. ils ne devraient être vendus qu'à 120 fr. et 20 pour 100 d'escompte. Les savons à l'huile de palme purifiés sont irréprochables, nous n'en dirons pas autant de quelques autres tables de savon de ménage, dont la surface était assez fortement gercée; ce défaut peut avoir deux causes différentes. Les savons ont pu être faits à froid, ou bien terminés sur des lessives de soude trop fortes. Ce procédé, qui donne des savons d'un blanc parfait, est plus rapide mais plus coûteux que celui adopté dans les grandes fabriques; il a de plus l'inconvénient de faire fendre les savons, ce qui est à considérer; nous rappellerons toutefois aux fabricants qu'il leur eût été possible d'éviter ces gerçures en ajoutant un ou deux pour cent de potasse, corps qui a pour propriété de rendre les savons plus liants; mais il faudrait bien se garder de dépasser cette proportion, car alors les savons seraient trop mous et sujets à couler comme tous ceux à base de potasse.

La marbrure du savon bleu de M. Piver est manquée; nous ne savons pas trop non plus ce qu'il a voulu faire avec son savon jaspé jaune. Quant à son savon de ménage à 80 fr. les 100 kil., nous voudrions être convaincus qu'il ne contient pas de silice.

M. Pitay, gérant de la savonnerie de la Petite-Villette, a obtenu par l'emploi de la vapeur, des savons à l'huile d'olive dont le blanc est parfait; il a été moins heureux dans ses savons bleu pâle, façon Marseille. M. Pitay annonce qu'il vend ses produits à 3 pour 100 au dessous du cours, il serait bon de savoir d'abord à quelles qualités du savon de commerce il assimile les siens.

Les savons de M. Faguer sont bien fabriqués, mais leurs prix sont trop élevés; son savon de résine de 10 sous la livre n'en vaut pas plus de 8, et son savon à la graisse de mouton, qui n'est pas un savon de toilette, est trop cher pour le ménage, au prix de 18 sous la livre.

Les savons à marbrures confuses quatre couleurs, exposés par M. Blondiaux, sont détestables; si ce fabricant croit avoir perfectionné par cet essai malheureux l'art du savonnier, il se trompe grandement; son savon de palme fait à froid, et dont il porte le prix à 20 sous la livr est aussi laid et aussi mal fait que les premiers.

M. Violet a des savons de résine aromatisés, faits à froid, qui ne peuvent soutenir aucune comparaison; ils sont secs, cassants et gercés. Le procédé par lequel cet exposant prétend décolorer l'huile de palme est on ne peut plus mauvais, s'il faut en juger par les échantillons qu'il a produits ; ces savons, bien que faits à la chaudière, sont cependant crevassés et remplis de durillons et de taches qui indiquent une grande négligence.

M. Legrand a des savons de résine à 60 fr. les 100 k., qui nous ont paru d'autant mieux fabriqués, qu'ils contiennent au moins 50 p. o/o de résine. Les savons blancs à 180 francs sont beaux, mais un peu chers ; n'est-il pas entré un peu de suif dans ceux à l'huile de palme ?

MM. Gellé frères, qui sont parfumeurs, ont eu le bon esprit de ne pas imiter quelques uns de leurs confrères, dont nous avons signalé les tentatives infructueuses pour se placer au rang des manufacturiers marseillais. Tous les savons de toilette de ces messieurs sont convenablement fabriqués ; il en est de même de leurs savons à l'huile de palme et de ceux au suif de mouton. Leurs prix un peu forts sont ceux de la parfumerie.

M. Oger se fait remarquer par ses bons savons de toilette ; ceux à l'huile de palme de 80 à 100 fr. les 100 kil., et de résine à 80 fr., sont également bien. Nous en dirons autant de ses savons de Windsor, qui se fabriquent, on le sait, de même que les savons de Piot pour le dégraissage des laines, avec toutes les raclures et déchets des savons de toute espèce.

L'aspect des savons de la Société de l'Ourcq était tout différent, suivant qu'on les examinait à différentes heures de la journée. Le matin, à 7 heures, ils exsudaient l'huile qui coulait jusque sur le parquet ; deux heures après, ils étaient bien raclés, bien nettoyés, leur toilette était faite et il était possible de les regarder. Les savons jaunes étaient trop mous, parce qu'ils contenaient trop de résine, et avaient été terminés sur des lessives trop faibles ; les savons blancs à 100 fr. étaient jaunes, et les savons bleus, façon Marseille, à 95 fr., étaient gris. Cette maison avait sans contredit les plus mauvais savons de l'exposition.

M. Mompelas, parfumeur, aurait dû imiter l'exemple que MM. Gellé frères lui ont donné, et s'abstenir de fabriquer des savons de ménage qu'il fait mal, tandis qu'il s'entend parfaitement à l'article *toilette*.

MM. Triboulet et comp., de *Saint-Amand* et *Turcoing* (Nord), ont tiré parti des eaux savonneuses ayant servi au lavage des laines, et en ont extrait de la graisse avec laquelle ils ont fabriqué des savons jaunes dont une brique nous a paru excellente. Il est fâcheux que les deux autres ne fussent pas d'une aussi belle qualité; elles leur eussent mérité certainement une honorable distinction. Ce traitement des eaux provenant du dégraissage des laines n'a d'ailleurs rien de nouveau; M. Houzeau-Muiron, de Reims, l'avait déjà appliqué dans cette ville en 1828.

Aux industriels que nous venons de citer se borne le nombre de ceux qui ont pris une part honorable à l'exposition; nous ne pouvons nous empêcher de regretter que les fabricants de Marseille se soient abstenus de descendre dans la lice, non pour concourir, mais pour servir de modèles. Leurs procédés sont parfaits, leurs produits excellents; mais ils sont un peu chers; dans cinq ans, sans doute, ils nous montreront des savons de résine bien supérieurs à tout ce que nous avons vu cette année.

ARTICLES DIVERS.

La fabrication de l'écaille et de l'ivoire factice avec la gélatine, par les procédés de M. d'Arcet, a le droit d'être considérée comme une industrie chimique: nous la placerons donc dans cette catégorie, heureux d'avoir à féliciter M. Pinson du parti qu'il a su tirer de la découverte de notre savant universel. L'ivoire factice est déjà d'un grand emploi pour le dessin et la miniature ; on l'utilise encore avec l'écaille factice dans l'industrie des meubles pour incrustations. M. Pinson est parvenu à augmenter tellement la solidité de son écaille, qu'il en peut faire des meubles de toilette, des boîtes et jusqu'à des peignes qui ne se vendent que de 10 à 36 fr. la douzaine, au lieu de 80 à 240 fr. Outre cet avantage d'économie offert par l'écaille factice sur l'écaille de tortue, nous ajouterons encore qu'elle a celui de n'être pas limitée comme cette dernière par la grandeur des écailles ; on fait ordinairement les plaques de 27 à 28 pouces en carré, mais on pourrait les avoir plus grandes, s'il était nécessaire, tout en conservant l'égalité d'épaisseur qui ne se rencontre jamais dans l'écaille naturelle.

Bien que les couleurs, le vernis et les cirages fussent largement représentés à l'exposition, nous les passerons sous silence ; une simple inspection est insuffisante pour les apprécier ; pour ces produits, le temps est tout ; or, cet élément de conviction nous ayant manqué, nous préférons nous récuser que de porter un jugement que l'avenir pourrait infirmer. Nous dirons seulement, parce que nous avons pu vérifier l'exactitude du fait, que les peintures à l'huile de M. Gentillot, *de Paris*, sèchent bien, comme il l'annonce, en une heure ; ce qui est d'une grande utilité pour la restauration des appartements occupés, puisqu'après ce temps on ne sent plus aucune odeur. Les peintures ainsi faites sont plus belles que les autres, parce que la poussière n'a pas le temps de les ternir ; quant à leur prix, il est le même pour les peintures ordinaires, et de 50 p. 100 meilleur marché pour les imitations de bois, marbres, etc.

Les conserves et préparations alimentaires ayant été rangées dans la section des produits chimiques, nous signalerons, outre les conserves de M. Appert, les pâtes et

farines de M. Sarrazin, les farines de légumes de M. Lai-
guereau, les pâtes et amidons de M. GRANDEURY frères,
de Nancy ; enfin les farines de légumes, pâtes de Gêne,
etc., de MM. JONARD et MAGNIN, de *Clermont* (Puy-de-
Dôme). Cette dernière maison, la seule qui ait obtenu
une médaille à l'exposition de 1834, a compris la fabrication des pâtes sur une grande échelle, et établi
une véritable manufacture qui ne prépare pas moins de
20,000 potages et plus par jour. La production de MM.
Jonard Magnin est d'autant plus intéressante que, bien
que leurs pâtes soient de première qualité et l'emportent
même sur les pâtes d'Italie, il ne se servent pourtant que
de matières secondaires, les froments rouges des environs de Clermont, qui ne donnent pas de farine blanche.
C'est, on le voit, une double conquête pour le pays.

Nous ne terminerons pas l'examen des articles dits produits chimiques sans mentionner, comme particulièrement remarquables, les procédés de conservation de M.
Gannal. La découverte de ce savant chimiste n'intéresse
pas seulement les familles qui veulent conserver, même
après la mort, ceux de leurs membres qu'elles ont perdu;
l'étude de l'histoire naturelle, de l'anatomie, y doivent
gagner plus encore. Les pièces anatomiques exposées par
M. Gannal étaient parfaitement préparées, et leur dis-
section serait aussi facile après plusieurs mois que le premier jour. Ce sont là des résultats que sauront comprendre les hommes spéciaux pour lesquels M. Gannal a travaillé.

QUATRIÈME PARTIE.

FILS ET TISSUS.

Le vêtement étant l'un des premiers besoins de l'homme, on conçoit facilement que les industries qui se donnent pour mission de le satisfaire soient les plus importantes, aussi bien par le nombre des ouvriers qu'elles emploient que par les capitaux dont elles disposent et par l'infinie variété de leurs produits.

Des volumes seraient nécessaires pour tracer, même sommairement, l'origine des diverses industries qui s'occupent de la filature et du tissage du coton, du lin, de la laine et de la soie, et indiquer les différentes phases qu'elles ont eu à traverser avant d'atteindre le degré de perfection auquel la plupart sont arrivées aujourd'hui. Nous nous bornerons à dire, avec le rapporteur de 1834, M. le baron Ch. Dupin, qu'elles doivent tous leurs progrès, non pas aux savants, mais à la science, à laquelle tout inventeur heureux obéit, même lorsqu'il en ignore jusqu'aux premiers rudiments.

La position actuelle des quatre grandes industries dont nous allons examiner les produits n'est florissante qu'à la surface; bien des mécomptes et des souffrances se cachent sous tous ces chefs-d'œuvre; plus d'un lauréat peut-être aura déposé son bilan avant de recevoir sa médaille, plus d'un de ces habiles artisans dont la main intelligente a produit de si magnifiques ouvrages, seront gisant, peut-être, au moment du triomphe, sur quelque lit d'hôpital. Nous n'entreprendrons pas de rechercher ici les causes de tout ce malaise et les moyens de le guérir, c'est une tâche que la rédaction du *Mémorial* se réserve de remplir dans une autre partie de ce recueil (1); nous nous bornerons à indiquer en passant, celles que nous pourrons rencontrer sur nos pas et, sans nous astreindre à un ordre rigoureusement logique, qui entraînerait à de nombreuses répétitions (plusieurs maisons ayant exposé chacune des produits de nature différente), nous constaterons la valeur commerciale des progrès de l'industrie en 1839, telle que nous l'avons reconnue.

La maison N. Schlumberger et compagnie, de *Guebwiller*, est toujours la première pour la filature du coton jusqu'au n° 220 m/m et même 250 m/m (2). Jusque là ses produits sont préférés même à ceux des meilleures fabriques d'Angleterre; passé cette limite, la préférence est encore acquise aux Anglais. En sera-t-il long-temps encore de même? c'est ce dont la grande habileté de M. Schlumberger nous donne le droit de douter ; mais quant à aujourd'hui c'est un fait qui nous a été affirmé par les plus habiles mousseliniers de Tarare. Seuls entre tous leurs confrères, ces Messieurs produisent de grandes masses de coton dans les n° fins; les autres en font bien, mais seulement par occasion, et les quantités qu'ils en livrent à l'industrie sont très-faibles.

MM. Schlumberger ne sont pas seulement les premiers filateurs de coton de France et peut-être aussi d'Angleterre, ils sont encore filateurs de laine et de lin. Les fils qu'ils exposent en 45 pure laine et jusqu'au 14 en lin, nous ont paru fort beaux; ces derniers ont été obtenus sur des machines semblables à celles que ces Messieurs,

----

(1) Le *Mémorial* examinera prochainement la pétition adressée aux chambres par l'industrie cotonnière de l'Est

(2) Ce qui signifie un fil ayant 220 ou 250,000 mètres de longueur pour un poids d'un demi kil. ou une livre.

qui à toutes leurs industries ajoutent encore celle d'ingénieurs-constructeurs , ont exposé dans la galerie des mécaniques et dont nous avons rendu compte , page 46 (1).

MM. Schlumberger, qui ont mérité et obtenu depuis longtemps toutes les distinctions que le jury accorde ou propose, étaient désintéressés dans l'exposition de 1839, ils ont voulu prouver cependant qu'ils continuaient à mériter ces récompenses et y acquéraient chaque jour de nouveaux titres. Il est fâcheux que d'autres industriels placés plus nouvellement dans la même position, aient cru pouvoir se dispenser d'une semblable confirmation.

MM. Kœchlin et Dolfus frères, de *Mulhouse*, qui n'avaient pas pris part à l'exposition de 1834, se bornent à exposer des n° 30 à 40 m/m en chaîne, pour calicots par le tissage mécanique. Outre la qualité de leurs produits qui est parfaite, on ne peut que louer MM. Kœchlin d'avoir su se garantir de la manie qu'ont certains fabricants d'exécuter des tours de force de circonstance pour éblouir le public et le jury même, s'il était possible. Ce sont là de petits actes de charlatanisme, dont il ne revient aucun profit à ceux qui les commettent, si ce n'est quelquefois un peu de ridicule et quelques plaisanteries de la part de ceux qui connaissent la vérité.

M. J. Hartmann, de *Munster*, par exemple, a cédé à cette faiblesse; les fils en *Jumel* jusqu'au n° 120, sont très-beaux et très-bons; pourquoi en a-t-il fait faire quelques échevettes jusqu'au n° 300. On sait bien dans le commerce qu'il n'en vend pas de semblables.

Déjà honoré de la médaille d'or, qu'il faudrait lui donner d'ailleurs, s'il ne l'avait pas encore, M. J. Hartmann a

---

(1) C'est par erreur que nous avons dit page 26, que les bancs d'étirage, le banc à broches et le métier à filer le lin étaient incomplets, depuis nous nous sommes assurés que ces machines étaient prêtes à marcher.

voulu, comme MM. Schlumberger, prendre part à l'exposition, bien que le résultat lui en fût indifférent, nous nous plaisons à l'en féliciter.

M. Ch. Nægely, de *Mulhouse*, est le plus grand filateur de France; ses établissements renferment, nous a-t-on assuré, 100,000 broches en fin. Ce ne doit pas toujours être sans sacrifices que M. Nægely parvient à maintenir une aussi lourde affaire; il est d'ailleurs bien servi par la qualité de ses produits qui ne dépassent guère le n° 100 m/m, bien qu'il expose des 150.

MM. Dollfus, Mieg et compagnie, de *Mulhouse*, qui ont eu la médaille d'or en 1834, exposent des fils en numéros moyens, des cotons d'Alger en n° 84, des fils retors et des déchets filés dont ils ont tiré tout le parti possible. Ces messieurs ont, entre autres, quelques pièces de mousseline laine, chaîne coton, et d'autres double fil, dont le tissage est fort convenable, mais dont nous ignorons les prix.

M. Herzag, au *Logelback*, près de Colmar, file parfaitement et toujours jusqu'au n° 150 m/m. Il expose des numéros plus fins jusqu'au 330 m/m (434 anglais), qui montrent jusqu'où il peut aller, mais qui n'appartiennent pas à sa fabrication ordinaire. M. Herzag, qui a déjà eu la médaille d'argent, mérite, certes, la médaille d'or, car ses produits ne diffèrent en rien de ceux des industriels qui ont été honorés de cette distinction.

M. H. Hofer, à *Kaytersberg*, a envoyé de bons fils dans les numéros moyens qu'il produit couramment. Il nous a semblé marcher du même pas que ses compatriotes.

M. Arnaud, *de Paris*, successeur de l'ancienne maison Arnaud et Fournier, à laquelle avait été accordée en 1827 une médaille pour ses machines à filature et ses cotons numéros fins, qui rivalisaient alors sur les places de Tarare et de Saint-Quentin avec ceux de M.

Schlumberger, se montre digne de ces beaux antécédents. A en juger par ce qu'il expose, M. Arnaud aurait abandonné la filature des numéros au-dessus de 100 métrique, qui exige de trop fréquents renouvellements des machines et une main-d'œuvre spéciale trop coûteuse à Paris ; mais en revanche il se serait consacré d'une manière spéciale à la production des numéros moyens dans laquelle il excelle. Son numéro 100 en coton Georgie, récolté à Alger, nous a paru au moins égal sinon supérieur à celui de M. Dolfus Mieg, de Mulhouse. Le jury ne peut que confirmer à M. Arnaud la médaille d'or qu'il avait obtenue en 1827 avec M. Fournier.

M. Fauquet-Lemaître, *de Bolbec*, autre médaille de 1834, est le digne représentant de la filature pour l'article rouennerie. Sa chaine pour tissage mécanique est excellente, le fil en est fort, égal, d'une torsion régulière et ne vrille pas trop. Les bobines sont bien faites, dures ; le dévidage doit en être facile et exempt de déchets.

MM. Seillière et Provensal, *de Senones*, tiennent dans les Vosges, grand pays de fabrique et surtout de filatures, le rang de M. N. Schlumberger, en Alsace. Se livrant à la fois à la filature en coton, au tissage de la laine et du coton, et au blanchissage et apprêt de cette masse de produits, ils n'emploient pas moins de onze à douze cents ouvriers. Leur filature de 15,000 broches est l'une des plus anciennes de France ; elle fut fondée en 1805 ; la seconde, de 10,000 broches ne remonte qu'à 1820. Elles sont mises en mouvement par une force de 110 chevaux, produite par deux moteurs hydrauliques et une machine à vapeur, et donnent de l'ouvrage à 550 ouvriers, dont 165 enfants de 9 à 12 ans, gagnant de 45 cent. jusqu'à 4 fr. par jour.

Les produits des deux filatures s'élèvent à 160,000 k. de fil, depuis les numéros 30, en coton jumel, jusqu'au 200 en Georgie longue soie; une grande partie est absorbée par les tissages dont nous allons parler, le reste trouve un débouché avantageux sur les places de Sainte-Marie-aux-Mines, Colmar, Mulhouse, Tarare, St-Quentin et Paris.

Les tissages, qui n'ont été montés qu'en 1836, comptent 450 métiers mécaniques, mus par des turbïnes Fourneyron, de la force collective de 70 chevaux; ils occupent plus de 500 ouvriers, payés, suivant leur habileté, depuis 75 c. jusqu'à 3 fr. par jour. Les produits, fabriqués avec les fils de la maison, se composent d'environ 30,000 pièces de 75 à 100 portées, en 3/4 et 4/4 de large, du prix de 60 c. à 1 f. 80 c. l'aune de mousseline de laine, chaine coton, et de tissus façonnés, obtenus directement par la combinaison des marches des métiers mécaniques. Paris, Mulhouse et le midi sont les marchés de cette fabrication, dont les produits s'expédient, soit en écru, soit après avoir été blanchis et apprêtés en chiffon, madapolam moiré, calicots, jaconats, mousselines, cretonnes, tarletanes, etc.; dans la blanchisserie de Moyen-Moutier. Ce dernier établissement, qui appartient également à MM. Seillière et Provensal, remonte à 1807; il est mû par des moteurs hydrauliques d'une force de 25 chevaux, et occupe constamment 80 ouvriers. La blanchisserie de Moyen-Moutier apprête chaque année environ 85 à 90,000 pièces de 40 aunes, provenant tant du tissage de ces messieurs que des fabriques des Haut et Bas-Rhin, des Vosges et de la Meurthe.

MM. Seillière et Provensal qui, trois fois déjà, en 1823, 1827 et 1834, ont obtenu diverses médailles, méritent cette année une distinction supérieure. Leurs produits en filature sont aussi beaux que les plus parfaits de l'Alsace ; leur tissage mécanique, monté sur une grande échelle, fait également très-bien, et ne peut être comparé qu'à celui de M. Bompard, de Nancy, dont il sera question plus loin. On ne peut donc plus leur rien demander, et ils n'ont qu'à suivre la voie dans laquelle ils marchent aujourd'hui pour demeurer au premier rang dans leurs diverses industries.

M. Crépet aîné, de *Rouen*, file pour la bonneterie commune des n°⁵ 12 à 18, et pour l'indienne ordinaire jusqu'au n° 30. Sa chaîne n° 26 est très-bien faite ; les bobines de trames 28 m/m nous ont paru mal construites, irrégulières, molles, et d'un dévidage difficile.

Nous adresserons la même observation à M. Bour, de *Nancy*, qui exposa des chaînes 27 à 29 pour tissage mécanique, qui nous ont semblé manquer de force, ce qui est cependant la condition indispensable pour le fil de chaîne destiné à un pareil emploi. MM. Vantroyen, Cuvelier et Cⁱᵉ, de *Lille*, qui ont été honorés de la médaille, en 1834, pour leurs fils à dentelles et leurs fils retors à plusieurs bouts, ont agi comme s'ils en étaient encore à attendre quelque chose. Leurs produits de 1834 étaient supérieurs à ceux de 1827 ; 1839 l'emporte encore sur 1834 ; leurs fils simples pour dentelle, en n° 200, et leurs retors à 6 et à 9 fils, en n°⁵ 80 et 100, devraient rester dans un musée industriel, dont nous, centièmes, proposons la création, comme type de fabrication parfaite, et comme point de comparaison pour l'avenir.

Nous ne savons quel jugement le jury portera sur les productions en fil à dentelle et fil pour gaze, de MM. Edmond Cox et Cⁱᵉ, de *Lille* ; quant à nous, il nous a semblé que ces messieurs marchaient à grands pas dans la route tracée devant eux par MM. Vantroyen et Cuvelier.

Les cotons retors, cotons à broder, cotons gazés, cordonnets à coudre, etc., sont toujours parfaitement moulinés et apprêtés chez MM. Gombert, Michelez et Cie, déjà plusieurs fois distingués par le jury.

TOILES PEINTES D'ALSACE.

Depuis l'adoption, presque générale, du tissage mécanique en Alsace, l'industrie cotonnière a fait peu de grands progrès dans ce pays qui demeure toujours à la tête de ce genre de fabrication. Point ou très-peu d'étoffes nouvelles ont été créées, une seule maison s'y est essayée, toutes les autres sont demeurées dans l'ancienne voie, et n'ont tourné leur activité que vers les perfectionnements à introduire dans l'art difficile des impressions sur étoffes.

Sous ce rapport leurs recherches n'ont point été vaines; et, s'il n'y avait rien de très extraordinaire à l'exposition, on y voyait, du moins avec plaisir, le résultat des différentes améliorations obtenues pour les couleurs bon teint ainsi que pour les impressions mécaniques appliquant plusieurs couleurs à la fois.

Depuis que M. Lefebvre, de *Chantilly*, a découvert le moyen d'avoir du bleu, bon teint par une seule opération au lieu de vingt, son procédé s'est répandu en Alsace. Plusieurs fabriques, et entr'autres celle de M. Liebach-Hartmann et Cie, de *Thann*, ont exposé de nombreuses toiles imprimés de cette manière.

Tout ce qui sort de chez MM. Hartmann, de *Munster*, peut subir l'examen du fabricant le plus habile et le plus rigoureux; le succès ne serait peut-être pas le même, si l'on examinait leurs produits sous le rapport de la nouveauté et du goût. Tout est très-bien, sans doute, mais tout est-il neuf? n'y a-t-il pas des dispositions de l'année dernière?

MM. Schlumberger, Kœchlin et Cie, de *Mulhouse*,

excellent dans tous les genres de fabrication ; filature, tissage, blanchisserie, impression, apprêts sur laine, coton, soie, cachemire, tout est irréprochable, tout obtient non seulement les suffrages des consommateurs français, mais encore la faveur des acheteurs de l'Angleterre et de l'Allemagne, qui ne trouvent pas chez les industriels de leur pays des rouges aussi vifs, des glacés de Perse pour meubles aussi unis, des apprêts aussi beaux.

MM. FERGUSSON et BORNÈGUE, de *Bavilliers*, près Belfort, s'occupent uniquement de tissage. Leur exposition était riche en tissus imités de l'Angleterre, ou entièrement neufs et à des prix très-bas. Ces messieurs font, au métier à la Jacquard, des effets et des combinaisons que St-Quentin n'obtient qu'avec une main-d'œuvre considérable. Nous avons surtout remarqué une pièce brillante à 24 dessins différents, des coutils forts à 28 sous, des fougères, double chaîne, à 32 sous, des cretonnes coton à 25 sous, en 104 centimètres de large, et du cuir coton à 34 sous ; ce dernier article laisse peut-être encore à désirer pour la force et le serré de l'étoffe, mais tous les autres, tant pour pantalons que pour chemises, sont d'une excellente qualité, d'un très-beau travail, et d'un prix dont les simples consommateurs n'ont pas l'idée.

M. MÉDARD SCHLUMBERGER, de *Mulhouse*, a présenté des damas de coton à 42 sous, qu'il croit appelés à remplacer les damas de laine ; quelque bien soignée que soit cette étoffe, elle est cependant trop plucheuse et trop terne pour réussir. Nous en dirons presque autant des damassés en bourre de soie à 15 fr. l'aune, pour aller en concurrence avec les tentures en soierie. Ce double essai ne nous semble pas heureux ; le reste de la fabrication de M. Médard Schlumberger ne mérite que des éloges.

MM. SCHMID et SALTZMANN, de *Ribeauvillé*, ont appliqué 300 Jacquards à la fabrication des tissus de coton blancs et de couleurs, pour robes de chambre, peignoirs linge, cravates, etc., dans les prix de 3 à 7 fr. l'aune. Cet article, que nous tirions d'Angleterre, trouve maintenant un bon placement tant en France qu'à l'étranger.

M. Grosjean Kœchlin, de *Mulhouse*, n'a exposé que des gazes imprimées, pour l'exportation, qui témoignent des nombreuses améliorations apportées depuis quelques années dans les procédés de teintures, mais ne prouvent pas en faveur des acheteurs.

MM. Robert Roulet et Cie, à *Thann*, ont une nombreuse exposition dans laquelle nous avons distingué des calicots genre mosaïque d'une grande fraîcheur et des rouges sur fond de couleur, aussi purs, aussi vifs que des rouges d'Andrinople, et infiniment moins chers ; quatre pièces d'organdi même dessin, imprimées en quatre nuances de garances différentes, étaient également fort remarquables.

Dans l'impossibilité où nous nous trouvons de désigner un rang à chacun des fabricants de l'Alsace, nous citerons en masse ceux dont les produits nous ont le plus frappé, sans que toutefois on puisse inférer des omissions qu'il est impossible de ne pas commettre, des jugements d'infériorité pour ceux sur qui elles tomberaient. En général, nous avons trouvé tout le pavillon du Haut-Rhin au niveau des derniers progrès industriels ; quant aux noms que nous avons retenus, les voici : MM. Gros, Odier, Roman et Cie, de *Wesserling*, pour des indiennes, organdis, mousselines-laines, et satins imprimés ; M. G. Hofer, à *Mulhouse*, pour des toiles peintes et des mousselines en laine et en coton ; M. Daniel Schlumberger, à *Mulhouse*, pour ses indiennes et ses riches impressions sur jaconat ; MM. Haussmann, Jordan et Cie, *au Logelbach*, pour leurs nouveaux procédés de teinture, au moyen desquels ils impriment quatre couleurs bon teint à la fois, et repassent les rouges à la cuve à garances sans altération pour les autres couleurs; M. DAVID KOENIG, à *Mulhouse*, pour ses beaux madapolams et ses calicots apprêtés; façon toile d'Irlande, par MM. MERZDORFF frères; et MM. LANDMANN et Cie, de *Sainte-Marie-aux-Mines*, pour leurs magnifiques rouges d'Andrinople.

Enfin, nous demanderons à MM. BLECHFRIÉS et comp., de *Mulhouse*, par lesquels nous terminerons cette liste d'habiles fabricants, si, eux qui savent si bien faire rentrer jusqu'à 4 couleurs à la planche sur un fonds rouleau, n'espèrent pas arriver un jour à supprimer complètement, ou du moins à rendre régulier ce qui reste de la réserve blanche conservée par le rouleau et imparfaitement rempli par les dessins à la planche; jusque là, nous l'avouons, cet entourage blanc, si irrégulier, si inégalement découpé, nous paraîtra disgracieux. MM. Blechfriés sont trop intelligents pour ne pas trouver, s'ils existent, les moyens de faire disparaître ce léger défaut.

———————

ROUENNERIES.

Tandis que Mulhouse, Thann et Sainte-Marie créent ces magnifiques étoffes si belles de tissus si élégantes de dessins, si riches d'impression, qui font le désespoir des manufacturiers anglais impuissants à les imiter et qui les rencontrent sur tous les marchés où ils se présentent, même sur les leurs, la Normandie, Rouen, Bolbec, Darnetal, Deville, Maromme, se livrent avec une activité soutenue et un zèle souvent heureux à la fabrication des cotonnades bon marché destinées à remplir la plus large place dans la consommation. Les progrès réalisés depuis plusieurs années dans cette branche d'industrie sont fort importants, ils consistent surtout dans le perfectionnement des teintures que l'on est parvenu à rendre très-solides presque sans aucune dépense. On doit notamment à M.

STACKLER, imprimeur à *Rouen*, ou plutôt à M. GASTARD, chimiste employé par ce fabricant, un procédé d'application du rouge garance en une seule opération, qui s'emploie déjà depuis deux ans avec un succès que rien n'a démenti jusqu'à ce jour.

MM. KEITTINGER et comp., de *Rouen*, sont des fabricants pleins de goût, qui parviennent à donner d'assez jolis dessins grand teint à très-bon marché; leurs robes, mouchoirs et cravates doivent toujours trouver un placement facile. — Les mouchoirs jaconats imprimés de M. NÉRON sont de bon goût; il les vend 12 fr. 50 cent. la douzaine. — La cotonnade pour tablier de M. CAIGNARD à 1 m. 15 t. de large, n'est que du prix de 1 fr. 13 cent. le mètre; la même étoffe se vend dans les magasins de Paris 45 et 50 sous l'aune. On voit que les consommateurs paient cher, la faute n'en est pas à l'industrie. — M. MANOURY-LAMY dirige à Bolbec un établissement considérable, ses produits en indienne pour robe à 1 fr. l'aune, et en indienne pour meuble à des prix modérés, n'ont rien de bien remarquable, c'est seulement une bonne fabrication courante dont la qualité régulière et constante s'est assurée des placements de confiance. — M. RONDAUX-POUCHET, de *Bolbec*, expose des produits meilleur marché que ceux de M. Manoury-Lamy; ses indiennes rose bon teint à 60 cent. le mètre sont très-bien réussies. — On ne peut pas dire des indiennes de M. J. A. KOECHLIN de *Darnetal* qu'elles sont communes, mais, bien qu'elles sont d'un prix très-modique, on conçoit difficilement, en effet, comment on peut donner pour 50 cent. l'aune des indiennes imprimées à 3 couleurs bon teint. Sans le tissage mécanique et la Perotine il serait impossible d'arriver à de tels résultats. — M. GIRARD, de *Deville*, a été moins heureux que M. Kœchlin; ses indiennes sont plutôt communes que bon marché, ses étoffes pour meuble sont de beaucoup plus soignées. — M. MOUTIER-HUET emploie à *Bolbec* plus de trois cents ouvriers dans sa fabrique de mouchoirs. Il en avait exposé en 3o pouces de large et à 6 fr. la douzaine qui étaient vraiment fort bien. — M. Duforestel, de *Rouen*, n'occupe pas moins de 4oo à 5oo ouvriers, tant à sa filature de coton que pour son tissage mécanique et ses impressions; les produits qu'il en a exposés méritent des éloges.

Sans sortir absolument du genre de Rouen, M. Prosper Pimont de cette ville s'est créé une spécialité à part; ses impressions, presque toujours de bon goût et bien réussies, ne sont ni de l'Alsace, ni du Clayes, ni du Paris, ce n'est pas non plus du Rouen ; c'est plus que ceci et moins que cela; ce n'est pas tout à fait riche et c'est plus qu'ordinaire, c'est, en un mot, du luxe à bon marché. Son exposition remfermait trop de choses différentes pour que nous en puissions parler avec détail; nous y avons vu des meubles en laine, des écrans imprimés sur soie, des foulards, des mousselines-laines fines et ordinaires, des cravates, des tapis et des draps imprimés. — M. Pimont aîné, frère du précédent, avait des indiennes et mouchoirs imprimés qui devront lui faire confirmer la médaille qu'il a déjà obtenue; ses impressions sur calicot d'Alsace étaient moins heureuses.

MOUSSELINES

ET MEUBLES BRODÉS.

Des toiles peintes de Mulhouse et des indiennes de Rouen nous sommes forcés de remonter aux mousselines de Tarare et de Saint-Quentin, par lesquels nous aurions commencé si l'espèce de cumul exercé par les fabricants d'Alsace et de Normandie, que nous annonçons à la fois, filateurs, tisserands, blanchisseurs, imprimeurs, apprêteurs, ne nous avait entraînés à confondre dans un même examen tous ces produits de natures différentes. A de très-rares exceptions près, les industriels dont nous allons nous occuper sont exclusivement tisserands, quelquefois même ils ne sont que brodeurs, mais jamais, ou presque jamais ils ne sont filateurs ; l'Alsace pour la plus grandepartie, le nord, Paris, et quelque peu l'Angleterre pour le reste, leur fournissent tous les fils dont ils ont besoin.

SAINT-QUENTIN.

M. DAMBRUN, de *Saint-Quentin*, se fait remarquer entre tous ses compatriotes par l'excellente fabrication des tissus qu'il présente et dont il a choisi les matières avec un soin particulier. Il est à regretter que les dessins dont il a couvert ses beaux tissus ne soient pas d'un goût irréprochable, car on reconnaît dans le travail le cachet d'une fabrication parfaite.

M. DAVIN - DEFRÈNE a exposé de beaux unis et notamment une pièce jaconat très-fin et bien réussie. M. Davin-Defrène a le tort d'annoncer à ceux qui lui adressent des félicitations sur la beauté de ce tissu, qu'il a été fait en coton anglais n° 200 : cela prouve seulement que M. Davin n'a pas l'habitude de faire du jaconat semblable à celui dont il s'agit, et qu'ayant mal compris le but de l'exposition, il a fait un tour de force en dehors de ses habitudes ; ou bien encore, qu'il n'est pas aussi habile qu'il voudrait le faire croire. En effet, s'il produisait couramment des tissus très-fins, il saurait que l'ancien n° 220 français (pour nous conformer aux usages établis, qui n'adoptent pas encore le numérotage métrique), qui coûte 3o p. 100 de moins que le 200 anglais, donne un tissu pareil. Quant à l'objection de M. Davin, que le fil français a moins de force

que le fil anglais à finesse égale et se travaille plus difficilement, c'est là une erreur qu'aucun fabricant de Tarare
ne commettrait, parce qu'il n'en est pas un qui ignore
ce que l'on peut faire, même en façonnés sur organdi
clair, avec les n°° 220 et au dessus de M. Schlumberger
et de plusieurs autres filateurs du Haut-Rhin. En somme,
M. Davin montre de beaux tissus, mais qui ne dénotent
aucun progrès sur 1834 ; il y a long-temps déjà que l'on
fait aussi bien.

M. Daudeville, de *Saint-Quentin*, a cru inventer
une étoffe nouvelle, parce qu'il employait le métier Jacquard pour faire des brochés de couleur sur fond blanc,
en 6 pouces de large au lieu de 4/4, et il a pris en conséquence un brevet qui lui assure le monopole de la jouissance de cette étroite idée. Nous désirons pour M. Daudeville qu'il retire de grands bénéfices de cette petite
ruse, mais à coup sûr il ne pourra empêcher personne
de faire comme lui des bordures pour rideaux avec la mécanique Jacquard, car il y a plusieurs années que l'industrie est en possession du droit de faire des rideaux en-
tiers brochés au lancé : or, on le sait, le tout emporte la
partie. Les bordures de M. Daudeville sont d'ailleurs bien
faites et de bon goût.

M. Picard de *Saint-Quentin*, honoré de la médaille
d'argent en 1834, est demeuré au rang qu'il occupait à
cette époque. Ses produits sont toujours très-bien, mais
n'offrent rien de nouveau.

M. Robert-Belin, de *Saint-Quentin*, également distingué par le jury de la dernière exposition, se livre toujours avec le même succès à la fabrication des tulles brodés pour rideaux ; sa maison continue à occuper le premier ordre pour cet article.

M. Poisson-Livorel, de *Saint-Quentin*, qui paraît
s'être livré complètement à une spécialité, le Jacquard
pour meubles, n'a pas amélioré cette fabrication ; il n'a

pas même imité les perfectionnements qu'on lui a fait subir ailleurs. Comme tous ses confrères de Saint-Quentin, il fait ses rosaces avec un coup de lancé pour deux coups de fonds, tandis qu'ailleurs on donne coup pour coup, à chaque passe de lancé une duite de fonds ; on obtient ainsi un effet de mat plus prononcé et plus complet. Il ne fallait pas de grands efforts d'invention pour trouver cette modification et moins encore pour l'imiter.

On peut dire au sujet de Saint-Quentin, que depuis 1834, la fabrique de cette ville n'a pas fait de progrès. Comme à cette époque, elle travaille bien, mais elle ne perfectionne pas ; elle néglige même d'adopter les améliorations trouvées et essayées par d'autres.

<hr>

TARARE.

Nous ne dirons pas que les mousseliniers des bords du Turdine sont les concurrents et les rivaux de ceux qui vivent aux sources de la Somme ; ce sont leurs maîtres en tout. Tarare est incontestablement supérieur à Saint-Quentin, ceci ne fait question pour personne, mais Tarare n'est pas non plus exempt de blâme, et nous n'hésiterons pas à le lui dire, lorsque nous croirons qu'il le mérite.

M. LEUTNER, de *Tarare*, a une de ces réputations qui dispensent de s'occuper longuement de lui. M. Leutner fait toujours bien, nous regrettons seulement qu'il fasse toujours la même chose. Ses unis en divers apprêts prouvent l'habileté de ses ouvriers ; mais non la sienne, puisqu'il n'a eu à faire aucune combinaison de métier pour les obtenir. Ses organdis brodés, coton et laine, sont fort bien également, mais ne sont pas nouveaux ; M. A.

Salmon en avait déjà exposés, seul il est vrai, en 1834 ; c'est un article que tout le monde fait aujourd'hui.

M. A. Pramondon, de *Tarare*, a tiré un heureux parti du même article (organdi brodé, coton et laine de couleur), et il l'a étendu au tulle. Ses dessins sont en général de bon goût et parfaitement exécutés.

L'exposition de M. Estragnat, de *Tarare*, ressemble beaucoup plus à l'étalage d'une lingère qu'à l'exhibition d'un fabricant. Toutes les robes, tous les châles, sont faits et garnis ; les volants de dentelle, les dessous en soie pour faire valoir les dessins, rien n'y manque. Quelques personnes nous affirmaient que M. Estragnat n'était pas manufacturier, mais seulement intermédiaire ; nous avons acquis la preuve qu'il était bien réellement fabricant, aussi eussions-nous désiré pour lui qu'il imitât la modestie de ses confrères déjà connus, de même qu'il s'était attaché à reproduire, avec une intelligence dont il faut le louer, leurs meilleures dispositions de Jacquards lancés, en deux couleurs. Sans avoir coûté de grands efforts, ce qu'il expose en ce genre prouve qu'il a le désir de faire bien et d'améliorer, c'est une disposition qui doit être encouragée.

M. Renaudière, de *Saint-Symphorien de Lay*, a fait pénétrer dans cette petite ville l'industrie des articles brodés pour meubles, dans laquelle il réussit avec assez de bonheur ; ses dessins sont variés et d'une bonne exécution.

M. Lucy Sédillot, de *Tarare*, qui se livre à la même spécialité, se fait également remarquer par le bon goût de ses dessins : cet article, dont la Suisse avait eu jusqu'ici le monopole, est tout de luxe et de fantaisie ; aussi ne peut-il se soutenir qu'à la condition d'être toujours joli, et de présenter continuellement à l'acheteur des dispositions nouvelles.

C'est ce que M. Fion, de *Tarare*, a parfaitement compris, ainsi que le prouve son exposition, dans laquelle on remarque plusieurs grands dessins très-riches, et dont l'exécution n'a pu être obtenue aussi parfaite qu'après d'assez nombreuses difficultés vaincues. Le dessin du grand rideau-écran était de M. Guichard, nous l'en félicitons; il en est de même des ouvriers de M. Fion, auxquels ce fabricant doit de beaux unis et notamment une belle mousseline chiffon. — On sait que le régulateur sans lequel on ne pourrait faire ces si admirables tissus clairs, infiniment plus beaux et plus réguliers que ceux de l'Inde, a été inventé vers 1810, par M. Prost, de *Saint-Symphorien*, auquel la contrefaçon a enlevé tous les profits de sa découverte. C'est une justice de lui reporter l'honneur d'un progrès aussi notable dans la fabrication des tissus clairs, qui fait surtout la fortune et la réputation de Tarare.

M. F. Salmon, de *Tarare*, par lequel nous terminerons cette honorable galerie, est, ainsi que nous l'avons dit tout à l'heure, le premier qui ait fait des organdis Jacquards coton et laine, en deux couleurs, pour lesquels le jury de 1834 lui décernait une médaille. Ce fabricant est encore le seul cette année qui ait présenté des articles offrant de nouvelles dispositions et pouvant ouvrir de nouveaux débouchés. Nous ne parlerons pas de ses mousselines unies extra-fines, façon de l'Inde, à 9 fr. l'aune, non plus que de ses mousselines très-communes à 40 c.; tous ses confrères peuvent avec de bons ouvriers faire sinon mieux du moins aussi bien. Nous ne dirons rien non plus de ses façonnés de 1834, imités par tous les fabricants de Tarare; ce n'est plus maintenant qu'une affaire de goût, et si ses concurrents en ont beaucoup, il n'en manque pas, lui qui les a placés sur la voie. Ce qui a particulièrement attiré notre attention dans l'exposition de M. Salmon, ce sont d'abord des organdis très-fins avec de petits filets de satin de soie très-légers et du meilleur effet; une rayure torse, en chenille de soie de couleur, serpente autour d'un petit filet blanc ; elle est faite par un procédé nouveau et présente des ondulations que nous n'avons vues sur les étoffes d'aucune autre maison. Une pièce avec rayure satinée en coton, sur laquelle une double chaîne en soie vient former des fleurs roses et vertes, n'est pas moins jolie que la précédente ; elle offrait de très-grandes difficultés d'exécution, tant pour la combinaison du métier que pour le tissage, ce que l'on comprend facilement en songeant que, pour obtenir ces effets il n'a pas fallu mettre moins de 26 fils dans chaque dent de peigne. M. Salmon a exposé un troisième article, également nouveau et que nous croyons appelé à un grand succès, dont la fabrique de Tartare doit largement profiter : c'est un tissu organdi très-fin dans lequel on a lancé à la Jacquard une feuille en coton blanc qui forme mat et sur laquelle on a broché, avec le battant de MM. Godemar et Meynier, une fleur en soie de plusieurs couleurs et de la plus grande pureté de dessin. La feuille mate a ici le double avantage de bien faire ressortir le dessin et de cacher les bouts de soie du broché.

Enfin la pièce curieuse de l'exposition, le tour de force de circonstance, mais qui n'est présenté qu'à ce titre, c'est le portrait du roi, broché en coton avec du 180 d'Alsace, sur un métier Jacquard de 400 crochets. Le double tissu qu'on avait regardé comme impossible en coton est obtenu par la disposition d'une lisse de levée qui arrête la trame du lancé ; le dessin dont toute la réduction est par la trame, est fait par les crochets de la mécanique et les marges par ceux de la lanterne. L'étoffe, qui a 120 centimètres de large, compte 11,200 fils marchant sur un peigne de 1,600 dents, soit 7 fils en dent ; huit portraits se font en même temps. Cette pièce, qui est un véritable tour de force dont l'industrie profitera certainement, indique chez le gérant de la fabrique de M. Salmon, à Tarare, M. J. Bonabaud, auquel sont dues toutes les nouvelles combinaisons de broderies dont nous venons de parler, une complète intelligence du métier à tisser, dont il sait tirer un parti merveilleux. Une part de nos éloges revient également aux ouvriers de cette fabrique, dont l'habileté est du reste justifiée par ce fait, qu'ils n'y sont admis qu'après avoir fait preuve de capacité en faisant marcher le métier à portrait, dont les produits sont exclusivement vendus à leur profit.

NANCY.

Après les fabricants de St-Quentin et de Tarare, M. BOMPARD, de *Nancy*, dont il a déjà été parlé, trouve naturellement sa place, puisque ses produits participent de la nature de ceux de ces deux villes. M. Bompard expose une série d'articles mousselines unies depuis 5o c. en 3/4 clair, jusqu'à des jaconats et des percales très-serrés, supérieurs à ceux de beaucoup de maisons de St-Quentin. L'établissement de M. Bompard, qui était à peine organisé en 1834, a pris un développement considérable depuis cette époque : c'est aujourd'hui l'un des plus complets qui soient en France; il réunit sur une grande échelle les parages, l'ourdissage et les tissages mécaniques. Non seulement la qualité des produits a suffi pour assurer à ceux-ci une belle place sur le marché, mais elle leur a encore valu d'être recherchés avec une grande faveur pour l'article meuble brodé, jusque dans les villes de fabrique similaires, à St-Quentin et à Tarare, surtout pour les articles communs et ordinaires. La raison de cette préférence est facile à concevoir. Les procédés mécaniques, employés exclusivement par M. Bompard, lui procurent des économies assez notables. Il consacre ce boni à l'achat de matières premières d'au-

tant meilleures, de telle sorte qu'il peut livrer à Tarare
et à St-Quentin des mousselines unies pour broderies,
dont la qualité, à prix égaux, est beaucoup plus belle
que celles des mousselines unies fabriquées sur les lieux.
Ce fait, qui nous a été attesté par plusieurs industriels du
pays, est trop à l'honneur de M. Bompard pour que nous
ne prenions pas soin de le consigner ici. Il doit être en
même temps un avis donné aux mousseliniers de Tarare
comme à ceux de St-Quentin, de se mettre en mesure afin
de pouvoir lutter contre cette rivalité intérieure, si puissante et si honorable, puisqu'elle puise ses armes, non
dans l'arsenal des priviléges et des protections, mais dans
celui de l'économie et de la science appliquée au travail;
que ces villes s'évertuent donc, qu'elles secouent leur
vieille indolence, qu'elles sortent de leur obscure rou-
tine, qu'elles sachent, en un mot, engager quelques
millions en machines pour remonter leurs tissages sur un
nouveau pied, sans quoi l'industrie des unis leur échap-
pera, et il ne leur restera plus que celle trop précaire des
façonnés.

BONNETERIE.

La bonneterie dont nous avons indiqué l'importance,
à propos du nouveau métier à tricot mécanique, n'était pas
convenablement représentée à l'exposition. Quoique ce soit
une industrie dont l'importance est très-grande et qui
occupe un nombre très-considérable d'ouvriers et de
fabricants, c'est tout au plus si sept ou huit maisons
avaient envoyé de leurs produits; la bonneterie de Paris
manquait presque complètement, la bonneterie de laine
était tout-à-fait absente, et la bonneterie de soie montrait à peine quelques paires de bas, de gants et de
mitaines. Du reste, pas de prix, aucun renseignement,

personne pour répondre; en un mot, un laisser-aller déplorable et auquel il eût été à désirer que l'administration trouvât le moyen de suppléer. Ce moyen, elle l'avait entre les mains, mais elle n'a pas voulu en faire usage; voici en quoi il consiste. Chacun des produits envoyés des départements à Paris était accompagné d'une note du fabricant, d'un rapport de préfecture et d'un procès-verbal du jury d'admission qui, dans la plupart des cas, renfermait des documents très-précieux. Ce sont ces pièces que l'administration aurait dû publier et afficher à côté de chaque produit, afin que le public qui étudie, qui compare, pût retirer quelque fruit et quelques enseignements de la coûteuse cérémonie de l'exposition. Au lieu de cela, on a préféré tout engloutir dans les cartons des bureaux, où les membres du jury eux-mêmes ont beaucoup de peine à découvrir les pièces qui leur sont nécessaires, et que ne publie pas même le rapporteur-général du jury. C'est donc avec regret que nous le disons ici, mais nous y sommes forcés : l'exposition, qui n'était pas complète à beaucoup près, ne peut pas être considérée comme ayant eu lieu pour la majorité des produits des départements dont il était impossible d'apprécier la valeur industrielle et commerciale. Elle a été surtout comme non avenue pour les produits de la bonneterie, que nous n'avons pu étudier sur les seuls échantillons présentés par MM. CARLIER et comp., d'*Orléans*, GENE-VOIS, et PITANCIER MARTIN, de *Troyes*. Aussi, nous bornerons-nous à citer leurs noms sans entrer dans le détail des quelques articles qu'ils avaient exposés et qui perdent tout leur mérite faute de points de comparaison.

LAINES.

L'exposition des laines en suint, quoique plus considérable que celle de la bonneterie, était cependant trop incomplète pour qu'il fût possible de constater, par ce qu'elle présentait, l'état actuel de notre agriculture, sous le rapport de la production des laines. Quelques toisons fort belles disaient bien où M. Jourdain pourrait trouver en France des laines pour ses magnifiques draps à 45 francs l'aune, mais on ne voyait ni les laines communes et fortes dont il faut de si grandes masses pour les draps de campagne, de 6 à 12 francs l'aune, ni les laines pour couvertures, ni celles pour matelats, sur lesquelles le droit et le minimum de valeur pèsent si lourdement. (Voir l'article sur les inconvénients de la préemption, publié dans le *Mémorial du commerce*, vol. 2, page 353, année 1838-39.)

Depuis 1816, époque où l'on s'est persuadé qu'il n'y avait de prospérité pour l'agriculture comme pour l'industrie que dans la protection des tarifs et le prix élevé de tous les objets de consommation ; depuis 25 ans, disons-nous, l'agriculture n'a cessé de souffrir malgré tous les puissants encouragements de cette espèce qui lui ont été prodigués. Sous l'influence des droits de douanes créés, soi-disant en sa faveur, et dont tous les bénéfices sont demeurés, comme en Angleterre, la part des propriétaires qui en ont profité pour augmenter le prix de leurs baux, les pertes que les éleveurs de bœufs et de moutons, pour nous borner à cette branche de l'agriculture, ont eu à subir, se sont accrues tous les ans, bien que le consommateur, la masse du public, n'ait pas cessé depuis cette époque de payer la viande et la laine de plus en plus cher. Aujourd'hui nous n'avons plus de bestiaux, et grâce à des droits énormes, nous payons la viande 15 sous la livre ; nous n'avons pas non plus de laine pour couvertures, pour matelats, pour grosses étoffes, et lorsque nous en tirons de l'étranger, nous sommes obligés de la payer un quart à un tiers plus cher qu'elle ne vaut réellement.

Ce dont il faudrait se convaincre une fois pour toutes, c'est que le travail et non la protection sont la source de la richesse et du bien-être ; c'est, par exemple, que les agriculteurs ne peuvent pas espérer de vivre toute l'année avec les fruits du travail de six mois ; aussi le meilleur encouragement à donner à l'agriculteur et par suite à l'industrie, serait-il, non pas d'amener l'élévation du prix des denrées agricoles, car leur consommation en souffrirait, mais d'assurer à tous ceux qui se livrent à ces travaux une occupation constante, toujours lucrative pour eux, toujours productive pour la société. De telle sorte que plus de richesse étant produite, plus de revenus devenant disponibles, une foule de besoins qui n'osent pas se manifester aujourd'hui trouvent enfin les moyens de se satisfaire : c'est là le but vers lequel il faut tendre.

Augmentez les produits de l'agriculture, et les 24 millions de travailleurs qu'elle emploie pourront, en voyant s'accroître leurs ressources, consommer une plus grande quantité de produits des manufactures, lesquelles, à leur tour, y gagneront des débouchés plus certains, un marché plus calme, mieux garanti et mieux connu, et elles pourront faire rejaillir sur les six millions d'ouvriers qu'elles occupent une partie de la prospérité dont elles jouiront alors, et dont elles sont si éloignées aujourd'hui.

Peu de progrès ont été faits dans l'éducation des bêtes à laine. Comme aux expositions précédentes on remarquait quelques riches toisons extra-fines, rivalisant avec les laines électorales de Saxe ; des essais, mais rien que des essais, et toujours pour les laines fines, et rien absolument pour l'ordinaire, c'est-à-dire pour la masse de la consommation, qui est obligée de se pourvoir en grande partie à l'étranger.

Voici le tableau des progrès de l'importation des laines en masse :

1815	5,348,000 f.	1831	5,255,000 f.
1818	25,170,000	1832	7,862,000
1820	9,781,000	1833	19,143,000
1822	24,295,000	1834	17,915,000
1825	9,403,000	1835	34,219,000
1828	13,390,000	1836	51,891,000
1830	12,871,000	1837	18,997,000

A cette marche des progrès de l'agriculture étrangère sur notre marché, il nous est impossible, faute de renseignements que l'administration ne possède pas elle-même, d'opposer les progrès de la production nationale. Nous avons dit que l'exposition était trop incomplète pour nous aider à combler cette lacune ; elle ne nous apprend qu'une chose : le résultat des soins de quelques rares éleveurs. Nous allons du moins constater ce qu'ils offrent d'intéressant.

La pile de Naz, appartenant à MM. Girod et Perot de Jotemps, est toujours la plus belle, non seulement de France, mais nous pourrions dire du monde ; elle est notamment supérieure aux premières laines électorales pour la force et le nerf, ainsi qu'il est facile de s'en assurer en comparant deux des pièces de drap exposées par M. Jourdain, et dont l'une était faite en laine de Naz et l'autre en laine de Saxe. Nous avons particulièrement remarqué parmi les produits de Naz, qui étaient tous fort beaux, une toison de bélier qui, bien que coupée deux mois avant l'époque ordinaire de la tonte, comme du reste toutes celles qui figuraient à l'exposition, était cependant d'une force extraordinaire.

La pile de Polignac, qui donnait sous la restauration

des toisons presqu'aussi belles que celles de Naz, a considérablement perdu depuis cette époque ; l'infériorité de ses produits, comparés à ceux qui avaient été exposés même en 1834, est manifeste. C'est un grand nom qui s'efface des annales de l'industrie, après avoir disparu déjà d'un théatre plus élevé mais non plus noble.

M. Jh. Maitre de *Villotte* (Côte-d'Or), ne s'est pas souvenu que la laine cardée exigeait plutôt de la force et de la main qu'une grande finesse. En effet, les laines très-fines ne conviennent qu'à la fabrication des draps chers dont on ne vend que 200 pièces par an, tandis que 20 ou 30,000 pièces, dans les prix de 18 à 25 francs l'aune sont insuffisantes. La laine propre à ce dernier emploi ne veut ni trop de finesse ni trop d'ondulation ; la finesse du grain doit s'obtenir par la filature, non autrement, et la frisure y est un obstacle ; la force et la souplesse sont donc préférables, puisqu'elles donnent des draps corsés, bien garnis et bien couverts.

Nous appliquerons ces règles aux produits de M. Maître, en disant que sa toison de bélier était très-fine, mais n'offrait aucune résistance, et que par un excès contraire, celle de bélier était plus forte mais un peu grosse.

Nous dirons de même à M. Godin aîné, de *Chatillon* (Côte-d'Or), que ses laines sont trop fines et n'ont pas assez de ténacité, et que de plus elles sont très-sales, ce qui doit donner beaucoup de déchet à la préparation. On doit du reste à ces deux éleveurs l'introduction en France d'un nombre assez considérable de béliers et de brebis électorales, qui ont servi à améliorer plusieurs troupeaux de la Côte-d'Or.

M. Aubergé aîné, de *Malasise* (Seine-et-Marne), a parfaitement compris les besoins de l'industrie lainière. Ses produits, également convenables pour le peigne et la carde, sont fournis, moëlleux, forts, et conviennent parfaitement à la bonne draperie courante. M. Aubergé doit trouver un double avantage au système qu'il a adopté; car, en même temps que ses laines sont recherchées par les fabricants, ses moutons doivent trouver un bon placement dans la boucherie, importante ressource dont se privent les producteurs de laines extra-fines, puisque cette qualité ne peut, on le sait, s'obtenir que par le dépérissement des sujets.

Le troupeau du *Pouy* (Aube), appartenant à M. Dupreuil, se compose de 3,200 bêtes; les produits sont d'une belle qualité.

M. Maurice Bazile, de la Côte-d'Or, a un troupeau aussi nombreux que celui de M. Dupreuil; ses laines sont encore un peu dures et maigres; elles se perfectionneront sans doute par les croisements déjà commencés entre les brebis de Rambouillet et les béliers de Saxe. Quelques unes des toisons exposées par M. Bazile sont propres au peigne.

M. Houtteville, près *Dieppe*, croise la race de Naz à celle d'Espagne, et obtient des laines qui ont assez de force, mais n'atteignent pas à la finesse que le propriétaire semble avoir cherchée.

M. Daublaine, du *Val d'Essais*, près Châlons, présente des laines qui peuvent être employées au peignage, et qui joignent beaucoup de force à une belle finesse.

Les laines de M. Desoffy, de *Moncetz*, sont un peu moins fines que les précédentes et sont aussi fortes; elles conviennent au même emploi.

M. Ganneron fils (Seine-et-Marne) a des laines ordinaires, grosses et fortes, qui ne rappellent que de bien loin les croisements de Naz d'où elles proviennent.

M. Caille, de *Lieusaint*, a quatre toisons, dont une pour peigne; le tout bien ordinaire.

La toison de mérinos, exposée par M. Beauvais, de

Gastins, est assez fine et de beaucoup supérieure aux laines exposées par M. Ganneron.

M. Massin, de *Vaudepart* (Aube), montre des laines obtenues par le croisement de Naz et de Rambouillet ; elles sont d'une belle finesse, mais peut-être un peu trop courtes.

Le troupeau spécial de M. Graux, de *Mauchamps*, le seul éleveur dont on ait admis des produits vivants, continue à se multiplier. On sait que l'espèce de laine que M. Graux expose sous le nom de *laine-soie*, ne provient d'aucun croisement, mais d'un fait accidentel observé par lui, et qu'il s'attache à reproduire et à perpétuer.

Déjà le jury a remarqué en 1834 la laine-soie de M. Graux ; nous ne doutons pas qu'il en soit de même cette année. Mais tout en louant les efforts et le zèle de cet agronome, pour doter la France d'une espèce de laine longue dont elle manque complètement, et que l'Angleterre lui fournit seule jusqu'ici ; on ne peut s'empêcher de regretter que le résultat ne réponde pas complètement à l'espoir du producteur. En effet, si la laine longue de M. Graux est bien, ainsi que son nom l'indique, soyeuse, fine et lustrée, elle perd malheureusement une grande partie du brillant, de l'éclat qui la distinguent, dans chacune des opérations manufacturières auxquelles elle est soumise. Ainsi on la voit avec toutes ses qualités sur le dos du mouton ; elle perd déjà au peignage, plus encore à la filature, et lorsqu'elle est convertie en tissu, elle se confond à s'y méprendre avec tous les autres produits de même nature, fabriqués avec de la laine longue ordinaire. Quoi qu'il en soit, ce seul fait d'avoir cultivé en France l'espèce de mouton à laine longue, d'avoir réussi à en fixer le caractère et d'en avoir régularisé et étendu la production, est tout-à-fait digne des récompenses du jury.

FILATURE.

M. L. Biétry, qui obtenait en 1827 une médaille d'argent pour des fils et tissus de cachemire d'une grande beauté, n'a cessé depuis cette époque de perfectionner son industrie. Le jury de 1834 l'en a récompensé par une médaille d'or, accompagnée d'éloges d'une distinction toute particulière ; nous ne savons comment celui de 1839 lui témoignera son approbation pour les nouveaux progrès qu'il est parvenu à réaliser, et dont les produits qu'il expose sont les résultats ordinaires. Au point où il est arrivé, M. Biétry n'a pas de rivaux, mais des imitateurs. Ses fils sont recherchés par nos premiers fabricants de cachemires, les Deneirouse, les Bosquillon, les Hébert ; il en emploie lui-même une partie dont il fait de magnifiques mérinos-cachemires auxquels l'Angleterre n'a rien à comparer ; une étoffe nouvelle, de la mousseline-cachemire et soie, est si brillante, si souple et si riche, qu'il est impossible qu'elle ne devienne pas l'objet d'une grande vogue et d'un débouché important pour l'industrie du cachemire.

M. Passot, de Paris, marche de bien près sur les traces de M. Biétry ; ses fils sont d'une régularité parfaite ; leur extrême propreté, leur blancheur remarquable, sont autant de qualités précieuses qui démontrent combien ce filateur apporte de soins dans la préparation de ses matières et dans l'apprêt qu'il leur fait subir après fabrication. Parmi ses produits tissés, nous avons particulièrement distingué un très beau mérinos-cachemire 6/4 à 36 fr. l'aune ; on regrette seulement qu'il n'ait pas été éjarré plus complètement : c'est d'ailleurs fort peu de chose.

M. Hindenlang, qui doit sa réputation à des tours de force, s'est montré reconnaissant en persévérant dans la même voie. Son n° 230 en cachemire appartient à cette catégorie de produits sans emploi qui étonnent le public sans servir l'industrie. Quoique plus utile, son n° 165 en laine peignée est encore un chef-d'œuvre de circonstance dont il n'a exposé qu'une échevette ; il en est de même du mérinos entra-fin à 22 croisures, qui est certainement fort beau, mais qui n'a pas de prix commercial.

En général, nous croyons qu'il y a plus de véritable mérite à travailler pour tout le monde et de faire bien avec des matières ordinaires, qu'à filer quelques onces de laine ou à tisser deux aunes de mérinos avec des mères-laines extra-fines, résultat du peignage de plusieurs balles de laines.

M. Griolet a suivi une autre route que M. Hindenlang ; ses produits, d'une perfection irréprochable, jouissent dans le commerce de la faveur la plus méritée. On lui doit un renvideur mécanique qui construit les bobines de telle sorte que leur dévidage est toujours facile et sans déchet, malgré tous les accidents d'emballage et de route qui peuvent les déformer.

M. Griolet ne file que la laine peignée, soit pure, soit mélangée à la soie ; ces derniers fils, désignés sous le nom de *thibet*, sont employés en masses considérables dans la fabrication des châles.

Les plus beaux tissus unis de l'exposition, ceux de MM. Bernoville, de *Saint-Quentin*, sont fabriqués en grande partie avec les fils de M. Prévost. Ce fabricant, qui possède déjà une belle collection de médailles obtenues dans les expositions précédentes, est l'un de ceux auxquels la France doit son incontestable supériorité sur l'Angleterre pour les tissus ras. Nous ne connaissons rien de plus beau et de plus parfait que ses chaînes 60 à 80 et trames 110 à 140, obtenues avec des laines de 11 à 12 fr. Il a fait avec ses numéros les plus elevés une mousseline de 52 duites au quart des pouces, et des mérinos de 25 croisures, qui nous ont paru au dessus de toute comparaison.

M. Prévost livre chaque jour à la consommation 450 livres de fil de laine peignée et de fils thibet, à des prix très-modérés ; cette quantité déjà considérable va s'accroître bientôt des produits obtenus au moyen d'une nouvelle machine à vapeur de 35 chevaux, et de plusieurs peigneuses mécaniques du système de M. John Collier ; la fabrique de M. Prévost sera alors sinon la première, du moins sur le premier rang, tant par son importance que par la beauté de ses produits.

Les laines peignées exposées par M. BILLIET ont été filées, si nous sommes bien informés, par M. DESMONT, de *Rethel* ; ce serait alors à ce dernier que reviendraient nos éloges et les distinctions du jury.—M. P. PETIT dirige une filature de deux mille broches dont les produits nous ont paru d'un prix assez élevé. — MM. LÉON VALÉS et BOUCHARD, de *Banquerolles* (Oise), font filer à façon des laines pour bonneterie, passementerie, etc. C'est un bon courant qui ne se distingue pas par la modicité des prix.

MM. GAIGNEAU FRÈRES et comp., *d'Essonne*, qui se sont défendus avec énergie d'avoir introduit en contrebande des laines longues filées en Angleterre, dans des balles de laines en suint, montrent en effet par leur exposition qu'une ruse semblable leur est trop inutile pour qu'ils aient pu s'en rendre coupables. Leurs fils retors et gazés pour *lisses de peigne*, qui ont trouvés un placement si considérable dans la fabrique de Lyon et d'Amiens, pour les étoffes de soie et de laine à gros grain, sont de toute beauté ; leurs laines de Saxe pour broderie, qui se vendent comme laines de *Berlin*, sont aussi fort bien. Nous aimons moins leurs fils de laine doublés en deux couleurs qui nous ont paru grêles et sciés.

Outre ces travaux particuliers de moulinage, retordage et apprêts, qui forment la spécialité de MM. Gaignaux, leur fabrique produit encore beaucoup de fils simple pour la bonneterie, le tricot, la passementerie, etc. Ce qui manque encore à ces messieurs, comme à tous leurs confrères, ce sont des modifications aux machines à peigner, qui, dans l'état actuel, brisent la laine qui aurait besoin de conserver toute sa longueur, et font perdre ainsi environ un huitième de la finesse; c'est-à-dire que des laines qui, peignées à la main, donneraient du n° 40, ne fournissent que du 35 lors qu'elles sont peignées mécaniquement. Nous dirons, en finissant ce qui concerne MM. Gaignaux, que, s'ils peuvent compter à à bon droit parmi nos industriels les plus intelligents et les plus habiles, ils se distinguent aussi parmi les plus ardents défenseurs des prohibitions et des droits élevés ; sous ce rapport ils ne le cèdent à personne, pas même à nos maîtres de forges.

Dans une autre partie, MM. Camu fils et Croutelle, de *Pont-Givart*, près Reims (Marne), ne sont pas moins bons fabricants que MM. Gaigneau, mais ils comprennent d'une manière plus large et plus libérale la concurrence nationale et étrangère. Nous dirons encore que ces messieurs ne sont pas seulement de très-habiles filateurs de laine cordée, travaillant beaucoup et très-bien pour l'article de leur pays ; les flanelles, les brochés pour châles, les bolivars (espèce de flanelle dont la chaîne est en laine peignée et la trame en cardée), les kabyles, dont la trame et la chaîne sont en laine cardée; mais qu'ils sont aussi de véritables amis de leurs ouvriers, pour lesquels ils ont fait beaucoup et auxquels ils ont assuré une existence convenable et tout-à-fait indépendante : nous espérons que le jury saura reconnaître ce double mérite et honorer les hommes en même temps qu'il récompensera les industriels.

MM. Lachapelle et Levarlet, de *Reims*, font beaucoup de laines cardées, mais avec un succès médiocre : aussi n'ont-ils exposé que des fils de laine peignée. Ces derniers sont bien , sans être toutefois exempts d'irrégularités ; les prix en sont aussi un peu élevés.

La matière première du tissu désigné sous le nom de voile à religieuse, est un imperceptible fil de laine filée à la main par Mlle. Charpentier, de *Reims*, et quelques vieilles femmes qu'elle emploie ; celui qu'elle a exposé est d'une finesse et d'une régularité admirables. Une livre de ce fil représente une longueur de 491,520 mètres , et il est si lisse et si fort qu'on le dirait retordu à la mécanique et gazé à la vapeur. C'est véritablement quelque chose de féérique.

MM. Lucas frères, qui dirigent la filature fondée à *Bazancourt* par le célèbre Ternaux , ont maintenu cet établissement sur la première ligne. Leurs fils, pour mousseline de laine, et surtout pour mérinos , sont très-beaux et très-réguliers.

M. Hanosset, de *Reims*, a exposé des tours de force qui ont dû coûter fort cher à la société dont il est l'administrateur gérant. C'est lui qui a filé la laine-soie de M. Graux ; il a essayé également la filature du poil de chien ; nous ne savons trop pour quel usage ; dans tous les cas le premier essai lui fera certainement plus d'honneur que le second.

MM. Dubois et comp., de *Louviers*, justifient par leur exposition la haute estime que les fabricants de cette importante ville drapière font de leurs produits ; nous louerons d'une manière spéciale leurs beaux fils mélangés et doublés pour nouveautés, dont la réussite est parfaite ; leurs fils unis pour drap sont également très-bien, la finesse en est convenable, et ils doivent avoir de plus l'avantage de bien garnir au foulage.

M. Carlos Florin , de *Roubaix*, débute heureusement dans la carrière industrielle ; ses fils de laine longue de Saxe et d'Angletterre sont assez forts et très-réguliers.

M. LEJEUNE, de la même ville, a des fils de laine anglaise pour étoffes mélangées, qui sont goûtés par les fabricants.

M. J. VUILLIAMY, de *Nonancourt*, marche de pair avec MM. Gaigneau pour les fils destinés à la passementerie, à la broderie et à la bonneterie. Ses produits sont très-remarquables et lui vaudront une distinction particulière de la part du jury.

MM. DOBLER ET FILS, à *Tenay* (Ain), ont un grand établissement dans lequel ils produisent en quantité d'excellents fils thibet ; leurs essais de fils de laine peignée pure sont moins heureux : on faisait déjà mieux que cela il y a quinze ans. Les mêmes remarques s'appliquent à MM. LARDEN frères, de *Saint-Rambert de Bugey* (Ain), dont les thibets son très-bien et les laines peignées détestables. Par la même raison, nous n'avons que des éloges à adresser à MM. SOURD père et fils (Ain), qui exposent de bons fils thibet (sauf un n° 170, qui pèché sous le rapport de la régularité), et qui ont eu le bon esprit de s'abstenir à l'égard des fils de laine pure.

ÉTOFFES DE LAINE.

Toute une révolution s'est accomplie depuis 1834 dans l'industrie des draps. Chacun à cette époque semblait avoir voulu donner une preuve de la possibilité, qui avait été mise en doute, de faire en France des draps aussi beaux et aussi fins qu'en Angleterre et en Belgique. Le résultat de cette préoccupation fut d'encombrer l'exposition d'alors d'une énorme masse de draps extra-fins ; en quantité plus que suffisante pour fournir à la consommation d'une année.

Ce n'était là qu'une satisfaction d'amour-propre, que la partie du public qui connaît le véritable état des choses sut apprécier à sa juste valeur, mais sur le compte de laquelle un observateur moins bien instruit, un étranger, par exemple, eût pu facilement se laisser tromper et en conclure : ou que tous les hommes avaient en France les moyens d'employer pour leur usage ordinaire des draps de 40 à 80 francs l'aune, ou qu'une loi somptuaire n'accordait le droit de se vêtir qu'à ceux-là seulement qui pouvaient le payer très-cher, et condamnait tous les autres à se contenter des dépouilles brutes des animaux, à l'imitation des peuplades sauvages.

Une erreur semblable ne serait pas possible à l'exposition de 1839, dont les collections témoignent avec plus de vérité de l'état de la fabrique, et de la proportion des besoins de diverses natures qu'elle est appelée à satisfaire. Ceux de nos manufacturiers qui, cette année encore, ont travaillé dans les premières sortes, sont parvenus du moins à en baisser les prix, de manière à ce qu'un nombre beaucoup plus considérable d'individus soient admis aux rangs des élus; mais la grande majorité s'est sagement adonnée à la production des qualités moyennes pour la grande consommation des villes. Celle plus importante encore des campagnes n'a pas été non plus oubliée, ainsi qu'on va le voir dans le courant de l'examen qui va suivre.

LOUVIERS. — La fabrique de Louviers qui a persisté long-temps dans la production des draps très-fins dont elle vendait beaucoup à l'étranger, a considérablement perdu de son importance depuis que l'élévation des droits sur les laines lui a fermé les débouchés qu'elle trouvait en Italie et en Espagne. Aujourd'hui encore elle fait très-beau, mais elle a du moins diminué ses prix et a essayé de quelques articles de nouveautés qu'elle a réussis avec beaucoup de bonheur, et qui devront être d'un écoulement facile sur la place.

Cette ville, autrefois si importante, n'a fourni que huit représentants à l'exposition, où ils tiennent d'ailleurs un rang des plus distingués et montrent qu'ils ne craignent aucune concurrence. Nous regrettons seulement de ne pas voir figurer parmi eux M. Jauffrain, très-habile manufacturier dont les draps ont été admirés en 1834 par tous ses confrères, et que le jury, par un aveuglement dont nous ne pouvons nous rendre compte, n'a pas seulement cité dans son rapport. Il est très-fâcheux que des erreurs semblables soient possibles, car, outre la défaveur qu'elles jettent sur les décisions du jury, elles ont encore l'inconvénient très-grave d'éloigner du concours ceux qui pourraient y briller avec le plus de distinction, et de décourager, d'arrêter dans leurs efforts ceux qui ne descendent jamais qu'avec crainte dans la lice officiellement ouverte à tous les travailleurs. Nous désirons bien vivement que, dans cette circonstance, le passé serve de leçon à l'avenir, et que le jury de 1839, habile à découvrir tous les genres de mérite, sache décerner à chacun la récompense à laquelle il a droit.

M. F. Jourdain, de la maison F. Jourdain et fils, est depuis long-temps hors de concours. Honoré de la médaille d'or dès 1819 et de la croix en 1823, il n'a cessé depuis lors de se tenir sur la première ligne, et de mériter à chaque exposition le rappel des distinctions dont il avait été l'objet.

Chef d'une maison qui emploie 800 ouvriers et qui utilise une force hydraulique de plus de cent chevaux, M. Jourdain est le fabriquant-modèle chez lequel on trouve les procédés les plus parfaits, les machines les plus nouvelles pour le lavage, la filature, le tissage, le foulage, la teinte, l'apprêt, etc., car il réunit tous ces travaux dans son établissement. Constamment en quête des besoins de la consommation et des armes industrielles dont se servent ses rivaux les plus habiles de l'Angleterre et de la Belgique, M. Jourdain produit à très-bon marché des draps d'une beauté admirable, qui trouvent non seulement en France, mais encore à l'étranger la faveur la plus honorable et le placement le plus avantageux. Ses draps, pure laine de Naz et pure laine électorale, n'ont pas eu d'aînés. Ceux qu'il vendait 65 francs en 1834 étaient irréprochables sans doute, mais ceux qu'il cote aujourd'hui à 45 francs, sont cependant beaucoup mieux encore.

Les draps fins ne forment que le sixième de la fabrication de M. Jourdain ; deux autres sixièmes se composent de draps, cuirs-laine et satins, dans les prix de 16 fr. 50 c. à 30 francs ; et la seconde moitié, ou 3/6, d'articles nouveautés de 18 à 26 francs.

Nous avons remarqué dans ces deux catégories, un cuir-laine garance très-souple et très-fort, à 45 francs ; un vert russe à 16 fr. 50 c. et un autre à 17 fr. 50 c. ; un noir anglais à 28 francs ; et surtout des matelassés pour paletot à 35 francs en laine de Naz, et à 27 en laine ordinaire, d'un goût et d'un travail parfaits.

On voit que M. Jourdain a compris les causes de la décadence de Louviers, et qu'il travaille de toutes ses forces à l'en relever; il ne faudrait pas, nous en sommes sûr, beaucoup d'efforts semblables pour arriver au but.

M. L. Marcel, voisin de M. Jourdain, a des draps ordinaires, remarquables par leur solidité et leur bas prix, 15 et 16 francs l'aune.

MM. Poitevin et fils ont des draps d'une très-belle

fabrication, mais qui nous ont paru avoir été mal dégraissés; les décatis nous plaisent davantage.

Nous avons distingué dans l'exposition de MM. Dannet frères deux pièces de drap bleu; l'une coûte 35
francs, l'autre 45 francs; nous avouons franchement que,
si nous avions à choisir entre elles, nous donnerions la
préférence à la coupe de 35 francs, qui est parfaite.

MM. Dannet, qui conservent avec soin les traditions
de Louviers, se sont voués à la production des draps
fins; ils font aussi quelques jolies nouveautés que nous
regrettons de n'avoir pas vues exposées.

M. Obiot fait des nouveautés dont les dispositions
sont assez heureuses; le prix de son drap bleu n'est pas
en rapport avec la qualité.

MM. Ribouleau frères, anciens associés de M. Jourdain, sont dignes de leurs précédents. Il nous a semblé
seulement qu'ils ne tenaient pas assez la main au
dégraissage de leurs draps en laine de Saxe, et qu'ils ne
renouvelaient pas assez fréquemment leurs métiers à
filer. Nous ne saurions du moins attribuer à d'autres
causes le piquage de leur drap bleu à 45 francs, choisi
par un membre de la famille royale, et si bien fabriqué
d'ailleurs. Le grain de leur matelassé pour paletot ne
nous a pas paru se détacher d'une manière assez nette;
quant à leurs piqués pour pantalons, ils étaient parfaits
sous tous les rapports.

M. G. Petit est un fabricant officiel qui n'a que fort
peu de rapports avec le public. Presque tous ses produits
sont destinés pour la gendarmerie et la douane, qui ne
peuvent se plaindre de payer trop cher les draps qu'il
leur livre au prix de 15 francs. M. G. Petit entretient
également des relations avec l'étranger, où ses produits
trouvent assez de faveur.

M. Delphin Chennevières paraît se livrer exclusivement à l'article nouveautés, qu'il fait avec bon goût et

succès. Ses tartans pour manteaux et robes de chambre, dans les prix de 5 fr. à 8 fr. 50 c., suivant les dessins et les couleurs, sont d'un très-agréable aspect et d'une bonne fabrication.

BEAUMONT-LE-ROGER. — MM. Aubé frères, qui ont succédé depuis 15 ans à M. Dannet père, le vénérable fondateur de la fabrique de draps de Beaumont-le-Roger, ont obtenu en 1827 et 1834 la confirmation de la médaille d'or décernée dès 1823 à leur honorable prédécesseur. Ingénieux à perfectionner leurs moyens de production, tant que les manufactures étrangères conservèrent la réputation de faire mieux que nous les draps fins, MM. Aubé ont abandonné cet article dès que la supériorité est revenue de notre côté, et qu'ils se sont aperçus qu'il était plus sage de fournir une redingote et un pantalon à tous nos ouvriers, que douze ou quinze habits à nos merveilleux. Appliquant avec bonheur à une fabrication courante les procédés découverts pour le perfectionnement des draps fins, ils sont parvenus à améliorer les étoffes de qualité moyenne tout en diminuant les prix. Les produits qu'ils exposent sont les résultats qu'ils ont obtenus dans cette nouvelle voie, où la faveur publique les maintiendra sans doute. Ils se composaient surtout de satins et façonnés pour pantalons à 11 fr. 75 c. le mètre (ou 14 francs l'aune) (1); de draps bleus, alca, vert russe, depuis 13 jusqu'à 18 francs le mètre; des furcloth à deux faces pour l'hiver, d'un travail très-difficile et très-bien réussi; des châles 7/4 tout laine, épais, tirés à poil et frangés, de 19 à 25 francs; des tartans 5/4 pour manteaux et robes de

---

(1) Le rapport du mètre à l'aune étant :: 1,119,108, il faut augmenter ou réduire d'un peu moins de 1⁵ lorsque l'on veut convertir le prix de l'aune en celui du mètre, ou du mètre en aune.

chambre, de 7 francs à 14 francs, articles dont il ne s'est pas vendu moins de 20,000 aunes l'année dernière. Tous ces produits sont faits en conscience et exposés tels qu'ils se vendent chaque jour au commerce. Si MM. Aubé se fussent arrêtés là, ils auraient mérité le rappel des médailles d'or qu'ils ont déjà obtenues, et rien de plus ; mais ils ont, à l'attention des industriels et aux distinctions du jury, des titres supérieurs à ceux que leur donne déjà leur excellente fabrication. Quelques mots suffiront pour les établir.

On sait que, pour faciliter le cardage et la filature des laines, on les graisse, dans la proportion d'un cinquième de leur poids, avec de l'huile d'olive qui s'extrait ensuite au moyen de la terre à foulon délayée, d'une forte pression exercée par des cylindres ou maillets et d'un lavage continu. Quelque soin que l'on apporte à ces différentes opérations, il arrive souvent qu'elles sont imparfaites (ainsi que nous l'avons remarqué pour les draps de M. Poitevin, de M. Ribouleau, etc.), que les nuances sont altérées, les draps piqués, etc.

MM. Aubé frères, frappés de ces inconvénients, se sont adressés à deux chimistes habiles. MM. Alcan d'Elbeuf et Péligot de Paris, qui leur ont indiqué un nouveau système dans lequel l'huile d'olive st remplacée par un corps gras qui s'applique à volonté sur la laine, sur le fil ou sur l'étoffe, facilite plus encore que l'huile le cardage et la filature, et s'extrait complètement par voie chimique, en une heure au lieu de quinze jours. La nouvelle composition est beaucoup moins chère que l'huile d'olive ; elle se conserve et se reproduit facilement ; elle avive les couleurs au lieu de les altérer, et elle préserve l'étoffe de l'usure résultant toujours de la violente friction nécessitée par le dégraissage au moyen de la terre à foulon. L'aspect des draps préparés de cette manière est absolument semblable à

celui des draps les mieux dégraissés suivant l'autre système, à ce point même que les fabricants, ne pouvant
établir de différence entre eux, refusaient en quelque
sorte de croire à l'existence du nouveau procédé.

Le mérite de MM. Aubé est ici bien évident; ce sont
eux qui ont reconnu les inconvénients de l'ancien mode
de dégraissage, qui ont provoqué les recherches de
MM. Alcan et Péligot, et leur ont servi de guides; ce
sont eux enfin qui ont fait toutes les expériences, tous
les essais, et ont amené la découverte au point d'utilité
pratique où elle est aujourd'hui, et où chacun a pu la voir
dans la pièce alca à 15 fr. le mètre (17 fr. 87 c. l'aune),
dont une partie était apprêtée et l'autre décatie. Un
progrès aussi important n'a pas dû passer inaperçu sous
les yeux du comité des tissus; il appartient surtout à un
ministre fabricant de draps d'en récompenser les auteurs
comme ils méritent de l'être.

LES ANDELYS. — MM. Dupont et Charvet ont
introduit aux Andelys, où il ne se fabriquait jusqu'ici
que des étoffes communes, la manufacture des draps
fins et surtout des nouveautés. Ces Messieurs, qui ont
parfois d'excellentes idées, se distinguent aussi par la
scrupuleuse exactitude avec laquelle ils imitent, en matières communes, les nouveautés les plus riches et les
plus jolies de MM. Bonjean-Bertèche et autres dont il
sera parlé plus loin. Nous avons remarqué entre autres
bonnes imitations un piqué gris pour pantalon à 20
francs l'aune, dont le modèle est coté à 28 francs dans
une des cases de Sédan ou d'Elbeuf.

SÉDAN. — Cette ville tient toujours d'une main ferme
le sceptre de la fabrication des draps et du casimir noir;
malheureusement c'est aujourd'hui une religion qui a
perdu un grand nombre de ses adeptes; ce que voyant, les

plus intelligents d'entre les manufacturiers de Sédan se
sont rejetés sur le nouvel article en faveur, la nouveauté,
et l'un d'eux, M. Bertèche-Bonjean, s'est tout de suite
emparé de la première et de la plus belle position. M.
Bertèche est vraiment aujourd'hui le maître de l'article
nouveautés ; c'est lui qui donne le ton et fournit des
modèles aux uns, des idées aux autres. Du reste, tout
habile que vous le voyez, M. Bertèche n'a aucune fierté,
nulle exclusion; il travaille d'aussi bon cœur pour l'humble sœur de charité, à laquelle il fournit des casimirs
gris mélangés, que pour le cardinal à l'éclatant costume;
pour le vieux soldat criblé de rhumatisme et de blessu-
res, qu'il réchauffe avec sa magnifique bierskine à peau
d'ours, comme pour le dandy fashionnable qui se pa-
vanne dans un pantalon à réseau noir, ou à piqué bleu,
ou à rayure torse, ou à....... Mais nous n'en finirions
pas si nous voulions citer les noms de toutes les délicieuses fantaisies de M. Bertèche, car tout ce qu'il
expose est parfait, et la liste en est longue.

Si M. Labrosse-Béchet a été malheureux dans son
essai de châles à poils, il a inventé, à défaut d'étoffes
nouvelles, un assez bon nombre de dénominations baro-
ques. Outre les alpagas et les coattings qu'il fait par
masse et avec beaucoup de succès, il nous a montré des
castorine, azorine, vigontine, sibérienne, laponienne,
obsterking, fashionnable, vigogne, fourrure, etc., etc.
Nous ne savons pas jusqu'à quel point une aussi riche nomenclature agira sur l'esprit des juges du concours ; quoi-
qu'il en soit, on doit reconnaître que M. Labrosse tient
dignement la spécialité des draps fourrures ; nous croyons
seulement que son vigogne à 50 francs l'aune est une
erreur ; Louviers ne fait payer que 45 francs ses draps
les plus beaux et les plus chers, et encore cette ville en
fait-elle fort peu ; les plus beaux draps noirs de M. Bertèche ne se vendent non plus que de 42 à 45 francs.

Quel placement pourra donc trouver du vigogne à 5o francs?

M. Leroy-Picard expose les produits de sa fabrication courante : de bons draps noirs dans les prix de 20 à 28 francs. Il n'y a rien là dedans qui jette de la poudre aux yeux, mais ce n'en est pas moins d'un excellent travail que le commerce apprécie et que le jury aura certainement distingué.

La maison Chavaux frères est l'une des gloires de Sédan ; nous pourrions dire de la France, tant ses draps noirs sont recherchés sur tous les marchés où nous nous trouvons en concurrence avec les Anglais et les Belges. Le drap noir croisé que ces messieurs exposent nous a semblé supérieur à celui de M. Bertèche, qui est cependant bien beau ; ils ont aussi un drap noir à 42 francs, dont le grain est d'une finesse et d'une régularité qui fait le plus grand honneur à la filature de ces messieurs. Le drap gagne à cette perfection de la filature un moëlleux, une souplesse qui manque un peu trop à la fabrication française, dont le caractère distinctif est la force et le corps, *clos et serré*, dit le proverbe.

M. Ant. Rousselet, dont le jury de 1834 a constaté honorablement les progrès, ne se contente pas d'une première médaille, et fait tous ses efforts pour en obtenir une seconde. Ses satins, nouveautés et casimirs pour l'exportation, dans les prix de 10 à 11 francs en 5/8 de large, nous paraissent de nature à la lui mériter.

M. Trotot, que le jury distinguait à la dernière exposition, ne nous a pas paru avoir travaillé pour fixer l'attention des juges de 1839 ; il n'en est pas de même de M. Marius Paret, qui fabrique ses casimirs hautes-couleurs avec une perfection toujours croissante.

D'abord membre du jury central, puis ministre du commerce, M. Cunin-Gridaine ne s'est pas présenté cette année comme candidat aux récompenses réservées à l'industrie. Il a voulu montrer seulement qu'il était toujours digne d'occuper la place qu'il s'est faite autrefois à la tête de la fabrication des draps. M. Cunin-Gridaine est arrivé au but qu'il se proposait. Nous pensons seulement que ses produits seraient mieux encore que nous ne les avons vu, s'il en avait dirigé lui-même la fabrication. Nous sommes assurés, par exemple, que s'il eût eu plus de loisir les draps eussent été mieux dégraissés, les matelas plus nets et les nouveautés plus généralement heureuses.

ELBEUF. — C'est le grand-quartier général de la fabrication du drap. Dès 1834 (nous n'avons pas de renseignements plus récents que ceux que nous fournit la grande enquête qui suivit l'exposition), cette ville renfermait pour environ 150 millions de francs d'établissements industriels dont les fonds de roulement étaient de 80 millions de francs et produisaient, avec le concours de 18 à 20,000 ouvriers, 60 à 70,000 pièces de draps d'une valeur totale d'à peu près 50 millions de francs. Nous ne croyons pas qu'Elbeuf ait perdu depuis cinq ans quelque chose de cette haute position ; sans offrir rien d'extraordinaire, les produits de ses fabriques sont toujours très-remarquables, notamment dans l'article nouveautés, dont il se fait des masses énormes.

M. T. Chennevières est incontestablement à la tête de ce dernier genre de fabrication : 960 ouvriers, 270 métiers à tisser, dont plus de 50 à la Jacquard, et 1,600,000 francs de produits, tel est le bilan industriel de cet habile manufacturier, qui a été le premier à introduire l'article nouveauté et façonné à Elbeuf, ainsi que l'application du métier Jacquard au tissage des laines cardées. Après avoir eu le malheur de voir incendier sa fabrique en 1838, M. Chennevières n'a pas interrompu ses travaux; il a toujours donné de l'occupation à la nombreuse famille d'ouvriers dont il est le chef ; malgré un aussi rude assaut, son esprit inventif n'a rien perdu de sa fécondité et de sa fraîcheur ; aujourd'hui comme alors, c'est lui qui expose comme il les livre au commerce les nouveautés les plus gracieuses et les plus jolies, les façonnés les plus compliqués et les mieux réussis, offrant des combinaisons nouvelles et d'une exécution mécanique excessivement difficile. L'exposition de M. Th. Chennevières ne compte pas moins de cent dix coupons, tous plus jolis les uns que les autres, et se composant de trente-cinq coupes, articles nouveautés, pour pantalons de printemps, de dix-neuf coupes pour pantalons et paletots d'hiver, et cinquante-six coupes flanelles pour manteaux, étoffes légères et façonnées pour robes, chinures par réserve sur fonds de diverses nuances, broderies sur étoffes cachemire, châles feutrés, écharpes, etc. C'est assurément la plus jolie et la plus riche case de la galerie des tissus de laine cardée.

M. Javal est un partisan du bon marché et de la grande consommation ; laissant à d'autres la production des draps de luxe, il se voue avec un zèle heureux à la fabrication des draps ordinaires de 13 à 16 fr.; leur qualité est très-bonne, très-forte ; seulement quelques pièces nous ont paru piquées.

MM. Lemonnier-Chennevières font de très-bonnes nouveautés ; les dispositions de leurs tartans sont excellentes ; nous ne saurions approuver cependant ceux qu'ils ont fait broder à la main : ce n'est pas là l'article d'Elbeuf.

M. V. Barbier réussit bien la nouveauté et les draps ordinaires de 18 à 22 fr.

M. Dumar-Masson jouit d'une très-honorable répu-

tation pour ses draps courants de 20 à 30 fr. Il exposé
aussi une pièce drap bleu à 35 fr. qui sort de son genre.
Son garance à 24 fr. est bien, mais peut-être un peu
cher.

MM. Gaudchaux et Picard, qui ont une maison
à Nanci et une autre à Elbeuf, ont des cuirs-laine
zébrés de 20 à 24 fr. qui sont d'une bonne fabrication.

M. Barbier aîné n'est pas aussi heureux dans les draps
fins que pour les ordinaires de 16 à 20 fr. Il ferait bien
de s'en tenir à ceux-ci.

MM. Desfrèches et fils travaillent pour une spécialité.
Leurs draps d'ordonnance pour officiers de toutes armes
est parfait de solidité et de fabrication.

Le maintien indéfini d'un système de paix armée, qui
ne coûte pas moins de plusieurs milliards chaque année
aux peuples de l'Europe, assure à MM. Desfrèches un
vaste marché à l'abri de toutes les chances de crise,
d'encombrement et de non-valeurs; un grand nombre
de leurs confrères voudraient pouvoir en dire autant.

MM. Chefdrue et Chauvreux comptent parmi les
plus habiles drapiers d'Elbeuf. Presque tout ce qu'ils
avaient exposé était fort remarquable; nous avons particulièrement distingué un cotelé élastique pour pantalons, à 30 fr. l'aune, d'un mérite tout spécial. Les satins
gris unis, jaspés gauffrés, palmes jaspés, étaient également très-bien. Un cuir-laine garance souple et fort
était au dessus de toute comparaison.

M. Flavigny aîné réussit assez bien dans ses imitations
de nouveautés passées de mode; ses produits n'ont qu'un
tort: celui de venir trop tard. — Son frère, M. Flavigny
jeune, se tient mieux aux courant des besoins de la
place et des progrès de la fabrique.

Entre MM. A. Durécu et F. Aroux, qui font tous deux

des nouveautés, nous préférons le premier. Son compétiteur, qui en fait davantage sans doute, néglige un peu le goût de ses dispositions; la qualité est d'ailleurs excellente chez tous deux, et les prix très-modestes chez le second.

M. Félix Gariel est réputé l'un des meilleurs fabricants d'Elbeuf; pourquoi son exposition est-elle donc tellement au dessous de ses produits ordinaires? Toutes les personnes qui les connaissent voulaient expliquer le fait par une erreur de nom; il eût certes mieux valu s'abstenir que de paraître d'une manière si inférieure à soi-même.

Nous en dirons autant de M. Ch. Fourré, qui avait des draps fins très-beaux et d'autres fort laids. On ne comprend pas comment une main amie n'est pas venue corriger ce qu'il y a de contradictoire et de fâcheux dans un semblable rapprochement.

MM. Bernier et Brisson, qui débutent dans la fabrication, savent dès le premier pas s'y faire une place honorable. Le genre qu'ils ont adopté est heureusement choisi, et ils l'exploitent convenablement.

Comme M. Javal, M. Morel-Bren s'est voué au culte du bon marché. Ses modestes mais nombreuses pratiques le récompensent, par la préférence qu'ils lui accordent, de ses bons et utiles travaux. Ses draps de 16 à 20 fr. et ses nouveautés à 15 fr. sont remarquablement bien pour ce prix.

M. Charvet a exposé plusieurs nouveautés, et notamment une serpentine du goût le plus parfait. M. Charvet est un digne compétiteur de M. Chennevières.

Protecteur zélé des intérêts municipaux qui lui sont confiés, M. Victor Grandin s'est adjoint depuis peu un habile fabricant, M. Em. Raulin, qu'il a mis à la tête de son bel établissement, l'un des plus considérables d'Elbeuf. Les draps noirs, imitation de Sédan, que cette maison expose, laissent encore à désirer sous le rapport du dégraissage ; en revanche les nouveautés sont d'une exécution qui mérite les éloges les moins restrictifs.

Entre tous les fabricants de draps pour billard, article spécial qui présente des difficultés assez grandes, MM. A. DELARUE frères se distinguent par leurs excellents produits. Leur belle coupe à 58 fr. le mètre les ferait arriver aujourd'hui au premier rang, s'ils n'y étaient déjà depuis long-temps.

VIENNE (Isère). — Après une croissance assez rapide, les fabriques de draps du midi qui s'étaient presque toutes appliquées à la production d'un article de consommation générale, le cuir-laine, se trouvent aujourd'hui arrêtées dans leur développement par un caprice de la mode qui abandonne cet excellent tissu pour adopter les satins et articles de nouveauté. C'est là pour nos fabriques du midi un malheur presque sans remède, puisqu'il ne dépend de personne de changer le goût des acheteurs, et que la production des articles de fantaisie ne peut convenir à des établissements situés à 200 lieues du centre de consommation, et qui ne peuvent ni commander à la mode ni même lui obéir à temps.

La maison BADIN père et fils, la plus ancienne de *Vienne*, est un exemple frappant de ce que nous venons de dire. Réputée pour ses excellents cuirs-laine, elle les a délaissés faute de placement, et a essayé des nouveautés qu'elle ne réussit pas. Elle n'a pas été beaucoup plus heureuse à l'occasion de son alpaga bleu par la trame et satin bronze par la chaîne, article qui convient cependant à la fabrique du midi. Cette étoffe, dont l'idée est bonne, n'a pas été assez soignée ; elle est trop chère pour la campagne, trop lourde et trop grossière pour la ville.

Un pilote ratiné, façon de Hollande, est mieux réussi, quoique peut-être pas assez frisé. L'hybérine, étoffe double, qui présente l'aspect d'un cuir-laine d'un côté et d'une castorine de l'autre, est excellente pour l'hiver; c'est l'idée de l'alpaga double bien comprise et convenablement appliquée.

MM. Gabert et Génin sont peu sortis de l'article du midi, et ont fait tous leurs efforts pour lui reconquérir la faveur qu'il a perdue. Nous pouvons dire hautement que leur exposition était composée de manière à obtenir ce résultat : une simple nomenclature en donnera la preuve. Avec de la laine angora, de Smyrne, ils font des chincilla-castorine à 13 fr. l'aune, avec des laines de France, ils fabriquent des draps lissés à 12 et 15 fr., des cuirs-laine bleus et garance à 15 fr., d'une excellente qualité et d'un aspect plus avantageux que les prix ne le feraient supposer. N'est-ce pas de cette manière que l'on s'assure de bons débouchés et que l'on commande à la faveur publique? MM. Gabert et Génin ont compris que les produits bon marché étaient seuls de vente régulière, c'est pourquoi ils se sont tenus dans la limite que nous avons indiquée, passée laquelle, on retombe dans toutes les incertitude de l'éventualité, et l'on se soumet à tous les caprices de la mode.

La seule chose que ces messieurs aient faite en dehors de cette modeste fabrication est une pièce de cuir-satin garance tirée à poil, à 23 fr. l'aune, dont la filature est très-fine et qui a tout à la fois plus de souplesse et de force que du cuir-laine. Cet article, qui rentre dans le genre de Vienne, est plus avantageux que celui exposé par MM. Jourdain, de Louviers, et Chefdrue-Chauvreux d'Elbeuf, non seulement parce qu'il est meilleur marché et plus fort, mais encore parce qu'étant tiré à poil, il est tout-à-fait d'ordonnance, tandis que les autres ne sont que de fantaisie. Nous sommes convaincu que si, MM. Gabert et

Genin envoyaient à Paris des cuirs-satin semblables à la pièce dont il s'agit, mais en autres couleurs, ils en auraient un très-grand placement.

« MM. Berthaud et Pertus cotent à 15 et 18 fr. des cuirs-laine admirables de force et de souplesse, qui n'ont qu'un défaut pour nos élégants, celui d'être inusables. Nous voudrions bien savoir où se trouve à Paris le dépôt de MM. Berthaud et Gabert.

MM. Moniguet, Régat, Poix-Coste, Grenier, Guillot aîné et Gabert aîné, ont exposé des cuirs-laines, castorines et alpagas de bonne fabrication, mais qui ne se distinguent par rien de particulier.

AUDE. — L'industrie lainière du département de l'Aude a surtout pour objet la production des draps noirs et hautes-couleurs destinés à l'exportation dans le Levant.

La fabrique de Carcassonne emploie plus de 20,000 ouvriers, et ne compte cependant qu'un seul exposant, M. Fages, excellente maison qui réunit tous les travaux de filature : tissage, teinture, apprêt, etc. Les draps zéphirs de M. Fages sont très-recherchés, leurs draps noirs de 8 fr. à 18 font concurrence, sur les marchés étrangers, à ceux de l'Angleterre et de la Belgique, auxquels ils sont très-souvent préférés à cause de leur qualité supérieure.

M. Daydé-Gary, de *Cenne-Monestiés* (Aude), s'est permis une petite ruse dont le châtiment devrait être l'exclusion du concours. Ses draps ne sont pas mal sans doute, mais pourquoi les avoir cotés à des prix si bas (de 6 à 10 fr. l'aune), qu'il nepeut accepter les commandes qu'on lui propose.

M. Sompayrac, qui fait fabriquer pour son compte à Mirepoix, Limoux, Chalabre, etc., mérite des reproches semblables à ceux qui ont été adressés à M. Daydé-Gary. Le drap gris céleste qu'il cote 6 fr. est de plus de 3o p. o/o au dessous du cours. Il y a à Paris plusieurs commissionnaires qui lui en demanderaient quelques milliers de pièces, s'il pouvait en livrer même à 8 fr. Le prix réel doit être de 9 fr. au moins.

On voit que l'indication des prix, dont l'administration attendait beaucoup, est si mal comprise des exposants, qu'elle devient tout-à-fait illusoire.

MM. Viviès et Anduze, de *Sainte-Colombe*, ont été plus vrais que leurs confrères, mais par contre les prix qu'ils ont donnés sont cotés trop haut. Les produits auxquels ils s'appliquent sont bien, mais trop chers.

MM. J. F. Musse et Belz-Sicard, de *Limoux*, témoins de la défaveur dans laquelle l'article cuir-laine est tombé depuis quelque temps, ont voulu se rejeter sur la nouveauté et les façonnés. Leur fabrication est bonne, leurs prix sont modérés, mais les dispositions sont vieilles de plusieurs années : partant, pas de vente. Ces messieurs sont dans la position de Castres, de Vienne : ils ne peuvent espérer de suivre la mode. Aussi vaut-il mieux pour eux s'adresser à une classe d'acheteurs qui, par position, se révolte assez volontiers contre cette despotique puissance : ils se rendront des services mutuels en se coalisant ensemble. L'exemple de MM. Gabert et Fages peut à cet égard être suivi, car il est en tout point digne d'imitation.

TARN. — La fabrique du Tarn, très-ancienne et très-réputée pour les cuirs-laine, a souffert de la révolution qui s'est opérée dans la consommation.

Un seul exposant, M. Guibal, représente la ville de *Castres* ; et, il faut le dire, ne lui fait pas tout l'honneur auquel elle a droit. Ce fabricant, qui produit d'excellents cuirs-laine fort estimés, n'en a pas exposé et n'a montré que des articles nouveautés qu'il fait très-mal. Nous lui conseillons pour la prochaine fois d'en revenir à ses cuirs-laine, que nous voudrions pouvoir comparer à ceux de la maison Guibal-Anne-Veautes, de *Castres*, dont les produits sont renommés, et que nous n'avons pas eu la bonne fortune de voir figurer à l'exposition.

Mazamet (Tarn) est aujourd'hui une ville de fabrique assez importante, où l'on produit en grande quantité des molletons, tartans et quelques autres articles du nord.

MM. Houlès père et fils font avec succès concurrence à Elbeuf pour les tartans à robes de chambre, depuis 6 francs jusqu'à 12 francs. Il font en outre des bérets en tricot foulé sans couture pour le pays basque et la marine, dont il se vend des masses. Leur flanelle sèche pouvait soutenir la comparaison avec les plus belles de la fabrique de Reims.

M. Ferd. Cormoult, compatriote de MM. Houlès, se livre au même article et suit leurs traces du moins loin qu'il lui est possible. Quelques pièces de tartans, de flanelles et de molletons, sont parfaitement réussies.

M. Lafond-Waize fait d'une manière supérieure l'article molleton en hautes couleurs, pour jupes de femme, depuis 1 fr. 80 c. jusqu'à 7 francs, en 30 pouces de large. Ses flanelles lisses et croisées et ses ratines sont également très-soignées.

L'honorable M. Muret de Bord, député de *Châtauroux*, a dans cette ville une belle fabrique de draps dont les produits sont destinés en grande partie à l'armée dont il a soumissionné la fourniture. Quelques pièces de drap d'officier prouvent que M. Muret de Bord peut faire autre chose que du drap de troupes, mais elles disent aussi qu'il produit trop chèrement lorsqu'il veut sortir de son genre ordinaire. Son garance à 22 francs est inférieur à celui que M. Jourdain vend 20 francs ; le cuir de laine à 28 francs est très-beau, mais non pas supérieur à celui que M. Berthaud ne vend que 18 francs.

M. Barthès, de *Saint-Pons* (Hérault), fait le même article que Carcassonne : des draps zéphirs hautes couleurs pour l'exportation sont bien, mais moins soignés que ceux de M. Fages.

Parmi les fabriques situées en dehors des centres industriels que nous venons de passer en revue, nous avons remarqué celles de MM. Ruef et Bicard, de *Bischwiller*, pour des draps bleus et cuir-laine. Bourguignon, de la même ville, pour du drap noir teint en pièce, dont nous croyons le prix trop faible ; Germain, de *Moutiers* (Moselle), draps de troupes ; Marcot Thiriet, de *Nanci*, Picard frères, idem, pour draps bleus et cuirs-laine ; les draps verts de M. Hazard, d'*Orléans*, enfin la ratine superfine à 10 francs en grande largeur, de MM. Garisson, de *Montauban*.

COUVERTURES. Quoique fort importante, cette industrie était bien médiocrement représentée à l'exposition. M. Fasola et M. Foy Davesne y avaient envoyé des couvre-pieds à jour inventés par Ternaux. — M. Bacot, de *Paris*, avait tiré de ses magasins quelques unes des bonnes couvertures qu'il vend tous les jours en si grande quantité. — M. Fourché Salmon, du *Mans*, montrait des couvertures vertes pour la campagne. — MM. Rohart père et fils, de *Reims*, des couvertures blanches en laine mérinos.

A défaut de M. Zoë Granier, le grand industriel, MM. Pagezy et fils, ses compatriotes, représentaient la ville de *Montpellier* avec leurs couvertures de campement pour l'armée, et celles brodées en couleur pour l'exportation, qui est très-considérable. M. Boullier, de la *Condamine* (Ain), terminait la liste et montrait que l'on travaille aussi bien et à meilleur marché en province qu'à Paris et dans les environs. Ses couvertures de 20 fr. 5o c. à 34 francs en 8 pieds sur 7, et celles de 33 à 46, en 9 p. 10° sur 8 p. 10°, étaient fort belles pour ce prix. — Enfin, M. GRIOLET de Paris, notre grand filateur, avait devant sa case une couverture de laine grise parfaitement fabriquée, pour 15 francs; nous n'avons rien vu d'aussi bien pour un prix semblable.

REIMS. — Après Elbeuf, Reims est la ville la plus importante pour la manufacture des fils et tissus de laine. Une publication récente porte de 55 à 6o millions le chiffre de sa production annuelle, et à 100,000 le nombre d'ouvriers qu'elle emploie, non pas seulement dans ses murs, mais aussi dans les établissements qui relèvent d'elle et sont situés, soit dans les environs, soit même jusque dans le département des Ardennes.

Cette production se divise en deux grandes catégories : l'une comprenant les tissus en laine cardée, l'autre ceux en laine peignée.

La première se compose de 100,000 pièces de napolitaine 4/4, 90 aunes de long, de 2 à 3 francs en écru; 20,000 pièces de flanelle croisée de 80 aunes, 2 fr. 5o c. à 8 francs; 6,000 pièces bolivar, 5o aunes, 2 fr. 25 c. à 6 francs; 4,000 pièces draps, 6o aunes, 2 fr. 25 c. à 6 francs; 1,5oo pièces casimir, 3o aunes, 3 fr. 5o c. à 12 francs; 15,000 pièces circassiennes, 4o aunes, 2 à 3 francs; 20,000 pièces gilets, 3o aunes, 3 à 12 francs; 260,000 châles, 3 à 5o francs; 1,5oo pièces flanelle à manteau, 3o aunes, 7 à 8 francs; 25,000 couvertures à 20 francs.

La seconde, celle de la laine peignée, comprend les mérinos, 20,000 pièces de 45 aunes, de 4 fr. 5o c. à 12 francs; et les mousselines de laine, 5,000 pièces de diverses largeurs et longueurs, depuis 2 francs et au dessous jusqu'à 8 francs.

A Reims, l'industrie est intelligente; elle prévoit la satiété, et offre à la consommation un article nouveau avant même que l'ancien soit complètement usé. Cette ville serait la première en France pour l'industrie des laines, si elle pouvait avoir à bon marché le combustible qui est indispensable à ses fabriques , et que , vu la chèreté des transports par terre, elle paie, rendu sur les lieux , plus du double de ce qu'on le vend sur les mines. Le canal projeté pour relier la Marne au Rhin lui sera très-utile ; sous ce rapport il serait à désirer qu'il s'exécutât promptement et qu'il fût possible d'établir une communication semblable avec la Loire. Reims serait alors la ville la plus riche et la plus prospère de celles qui se livrent à l'industrie des laines , puisque dès aujourd'hui elle parvient à racheter tous les désavantages de sa position, grace à une habileté et à une science industrielle à laquelle elle doit, nous l'avons dit , d'occuper le second rang.

L'exposition de Reims n'est point à beaucoup près en rapport avec l'importance réelle de cette grande cité manufacturière.

Un seul fabricant, M. Benoist-Malot , montre de la napolitaine, cet article dont il ne se fait pas pour moins de 20 millions par an : c'est là de l'ingratitude. M. Benoist-Malot a aussi des stoffs et étoffes pour gilets très-bien fabriqués ; son essai de châles est, il faut bien le dire , très-malheureux ; Nîmes en a de meilleur marché qui sont mieux nuancés et bien plus jolis.

La maison Henriot frère et soeur mérite toujours d'être placée au premier rang. Comme tous les châles de Reims , ceux qu'elle expose laissent encore beaucoup à désirer; ils ne sont pas cependant les plus mauvais. En revanche on ne trouve nulle part de plus belles flanelles, des tartans mieux fabriqués que les leurs. Une pièce mérinos noir double est surtout remarquable pour la finesse et la régularité du tissu ; le filateur et le tisserand méritent de grands éloges , et nous ne saurions leur en adresser de plus flatteurs que de dire que le produit de leurs travaux réunis approche de la perfection à laquelle est arrivé M. Hindenlang et surtout M. Prévost, dans leurs magnifiques mérinos à 22 et 25 croisures au quart de pouce.

C'est M. Henriot fils qui a introduit la fabrication des châles à Reims. Bien que ceux qu'il a dans sa case ne puissent être comparés aux produits de Paris et même de Lyon, on y reconnaît toutefois le cachet de bon goût qui distingue toute sa fabrication, et notamment celle des coatings ou tartans pour manteaux et robes de chambre. Ses dispositions hermine et moucheté soutiennent avantageusement la concurrence avec ce qu'il y a de plus joli à l'exposition.

M. Leclert-Allart soutient convenablement la réputation de la fabrique de Reims ; sans offrir rien de particulièrement remarquable, ses flanelles sont d'une bonne qualité courante, fort estimée des consommateurs, — M. Dauphinot-Pérard fabrique le mérinos avec autant de perfection qu'en 1834. Nous n'avons pas été mis à même de constater de progrès depuis cette époque. — M. Rivière Lefert s'efforce de ramener à Reims l'article étamine, dont Nogent-le-Rotrou s'était emparé ; nous ne saurions dire si ses tentatives sont heureuses, non pas que ses produits laissent quelque chose à désirer, ils sont parfaits au contraire, mais on sait qu'après avoir été appelée pendant plusieurs siècles à l'honneur de vêtir et l'Église et la robe, nos congrégations religieuses et nos magistrats, l'étamine, alors designée sous le nom de burat, avait perdu de ces saintes et nobles conditions, et s'était vue réduite à servir dans les moulins pour garnir les bluteaux ; or voici maintenant que nos artistes en meunerie, les Darblay et leurs habiles confrères, remplacent avec succès l'étamine par la gaze si parfaitement fabriquée en soie sauvage et en soie ordinaire, par M. Hennecart de Paris. Que va donc devenir l'étamine après cette nouvelle révolution ? — MM. Buffét Perrin, oncle et neveu, combattent aussi pour reconquérir un article négligé, les nouveautés pour pantalons, dont M. Th. Chennevières a doté Elbeuf. Leur position est plus favorable que celle de M. Rivière Lefert, car s'ils ont une concurrence à soutenir contre de nouveaux producteurs, la consommation, loin de diminuer, a grandi au contraire et se montre prête à accepter de toutes mains les nouveautés bien faites et de bon goût. A ce titre, MM. Buffet Perrin sont certains de placer tous leurs produits. — M. Pierquin-Grandin est fidèle au culte de la flanelle ; la perfection de toutes celles qu'il expose en fournit la preuve convaincante. — MM. Givelet, Assy et Rolin n'ont exposé que des châles ; nous eussions préféré avoir à examiner les autres produits de leur fabrique.

— M. Milon-Marquet se montre l'habile metteur en œuvre des admirables laines filées à la main sous la direction de mademoiselle Charpentier. La batiste de laine, dite voile à religieuse, que M. Milon-Marquet a produite avec ces fils, est d'une beauté sans égale ; nous ne connaissons pas de tissu plus parfait, mais aussi à quel prix et combien en fait-on ?

AMIENS. — Nous avons peine à nous expliquer pourquoi Amiens a pris une part aussi faible à l'exposition. Non seulement le nombre des fabricants qui ont envoyé de leurs produits est presque nul, puisqu'on n'en compte que quatre, mais encore des articles d'une très-grande importance, et dans lesquels on a fait de notables progrès depuis cinq ans, sont complètement absens. Nous citerons entre autres les velours de coton, dont il se fabrique chaque année à Amiens près de 80,000 pièces de 52 à 53 aunes ; autrefois tous les velours d'Amiens étaient verts, de diverses nuances, et ne servajent que pour pantalons d'hommes de peine ; aujourd'hui on est parvenu à les teindre en toute couleur avec un succès entier. On fait aussi des velours coton et soie qui imitent parfaitement le velours toute soie, et que l'on ne peut distinguer qu'à l'envers. Aucun de ces produits, dont la consommation est chaque jour plus grande, et qui s'emploient en grande quantité pour costumes de théâtre et d'enfants, tentures, etc., ne figuraient à l'exposition ; nous avons vivement regretté leur absence.

La maison veuve CAILLEUX ET LANNOY présente un bon ensemble de produits, et notamment des alépines et chalys, très-jolis articles d'Amiens, qui ont été brochés à la Jacquard. L'introduction de ce métier à Amiens est due à madame veuve Cailleux et Lannoy. — M. PONCHR BELLET, qui l'a adopté ensuite, a également de jolis articles, mais moins soignés que ceux dont il vient d'être question. — MM. FEVÉE ET DESTREZ sont de grands industriels qui filent, tissent, teignent et apprêtent chez eux. Leurs produits, d'une bonne qualité courante, ne peuvent être rangés, comme les précédents, dans la catégorie des articles de luxe. Un seul, des brodés à la main, pourrait y figurer, mais il n'a pas de valeur manufacturière ; puisque tous les marchands de nouveautés de Paris pourraient faire mieux en achetant des unis et les confiant aux si malheureuses et si habiles ouvrières en broderie, que Paris renferme en trop grand nombre. Les brochés à la Jacquard sont beaucoup mieux que les brodés à la main, et justifient le don de la médaille d'or décernée à MM. Fevée Destrez, par la ville d'Amiens.

SAINT-QUENTIN. — Si l'industrie cotonnière de Saint-Quentin est obligée de reconnaître sous certains rapports la supériorité des mousselines de Tarare, les fabricants de lainage peuvent s'enorgueillir d'avoir beaucoup d'imitateurs, mais peu de rivaux.

Il convient de placer à la tête de cette belle industrie, MM. Fréd. et Ed. Bernoville de *Bohain*, qui sont véritablement les premiers entre les plus habiles. Les tissus les plus beaux, les étoffes les plus riches que l'on a admirés dans les cases brillantes des maisons de Paris, ont été fabriqués en écru par MM. Bernoville, avec des fils de M. Prévost. Une foule d'innovations heureuses, de combinaisons nouvelles adoptées par la mode, sont dues à ces messieurs, qui, pour ne pas obéir à la capricieuse déesse, se sont mis à lui commander. Nous aurons plus d'une fois à reparler de leurs tissus. — MM. André et Jules David exposent des mousselines et des organdis de laine d'une excellente fabrication, mais dont les prix sont trop élevés. — Maintenant les prix sont-ils exacts ? c'est là une question à laquelle il nous est impossible de répondre. — M. Jardin fait très-bien la mousseline de laine de bonne qualité courante; l'absence de prix ne nous permet pas d'apprécier ses produits sous ce rapport.

M. Henry Delattre, à *Roubaix*, file lui-même la laine peignée avec laquelle il fabrique les tissus qu'il expose. Cet industriel annonce avoir perfectionné le stoff broché; c'est là un progrès dont on doit lui savoir gré, si l'expérience et l'usage le confirment. Ce tissu, qu'il expose sous le nom de *Pou-de-laine*, nous a semblé être presqu'aussi raide que le stoff uni avec lequel il a beaucoup de ressemblance; le grain seul diffère, et encore très-légèrement.

M. Cocheleux, à *Templeuve en Pevèle* (Nord), réussit parfaitement le damas de laine pour meuble. Une pièce fond gris broché rose à 3 fr. 70 c. nous a paru fort belle.

ROUBAIX. — Les mêmes éloges sont dus à M. Pruz-

Grimompré, pour son damas de laine fond vert broché or, pour tenture. — Le damas vert uni, moiré au cylindre, de M. Grendel, est aussi fort bien. L'aspect en est à la fois riche et sévère.

GRANDES IMPRESSIONS.

ÉTOFFES RICHES POUR ROBES ET TENTURES.

Les industriels dont nous allons examiner les produits sont essentiellement des gens de goût, dont le mérite consiste à acheter de beaux tissus écrus, et à faire faire ou à acheter des dessins qui se gravent et s'impriment dans quelques maisons spéciales, à la tête desquelles il convient de placer M. Godefroy de Suresne.

Ce n'est guère que depuis dix ans que l'art du dessin appliqué à l'usage des manufactures est devenu une industrie spéciale. Les progrès en sont dus à la mécanique et à la chimie, qui ont découvert les moyens de remplacer le pinceautage et d'appliquer plusieurs couleurs différentes sur une même étoffe ; jusque là, les dessins en une ou deux teintes au plus couvraient tous les tissus, ce qui limitait tout à la fois et le nombre de leurs combinaisons et celui des artistes employés. Il n'en est plus de même aujourd'hui que tout est pour ainsi dire devenu possible en fait d'impression. Tel fabricant qui en 1825 n'avait que cinq ou six dessins par saison, n'en aura peut-être pas moins de trente ou quarante l'hiver prochain. Cette révolution a ouvert, surtout en France, un débouché considérable aux artistes qui ont eu assez d'esprit pour préférer vivre honorablement en composant des dessins de fantaisie, que de mourir de faim en faisant du paysage ou de l'histoire, à une époque où l'on regarde beaucoup les tableaux, mais où l'on n'achète guère que des portraits. Nous disons que cette révolution a été surtout favorable aux artistes français, parce que, ainsi que personne ne l'ignore, la France est reconnue comme la métropole du goût, où chaque peuple industriel n'hésite pas à venir puiser les inspirations dont il se fait ensuite le traducteur plus ou moins fidèle. Le nombre des hommes de talent employés ainsi dans les grandes fabriques de l'Alsace, de Lyon et de Paris, est plus considérable qu'on le ne suppose. Cette dernière ville possède en outre plusieurs grands ateliers de dessin dont les produits sont recherchés, non seulement par les fabricants français, mais encore par ceux de l'Angleterre, de la Suisse et de l'Allemagne; l'importance annuelle de leurs affaires s'élève à plusieurs centaines de mille francs.

Les visiteurs de l'exposition ont pu remarquer dans les galeries des tissus de nombreux écritaux portant les noms d'un artiste auquel on doit des dessins appliqués ou exécutés par plusieurs fabricants. En agissant ainsi, l'Apelle de l'industrie a, nous le savons, usé d'un droit qui lui était réservé par les instructions ministérielles; mais il ne faudrait pas conclure de l'absence d'autres noms qu'il n'y ait que lui en France qui réussisse dans le dessin industriel. Nous dirons plus, M. Couder, dont le talent est incontestable d'ailleurs, n'est pas à proprement parler un véritable dessinateur de manufacture; le seul but qu'il ait en vue lorsqu'il préside son conseil d'architectes, de peintres, de sculpteurs, etc., car c'est ainsi qu'il procède, est de composer un dessin extraordinaire, riche, brillant, original, qui attire l'attention et force la renommée à répéter son nom par toutes ses trompettes. C'est là le but de M. Couder, le but qu'il atteint presque toujours, mais encore une fois ses œuvres ainsi faites ne sont pas des œuvres d'industrie, car il s'inquiète rarement dans son travail de tenir compte des difficultés de l'exécution; emporté par l'inspiration ou par l'étude des maîtres qu'il cherche à imiter, Raphaël, par exemple, il songe peu à la nature du tissu que son dessin doit orner, ni aux exigences du croisé, ni à l'impuissance de la chimie. Ce qui lui importe à lui, c'est de créer, de copier, ou de composer un dessin; ce dessin fait, il ne s'en occupe plus que pour afficher son nom sur le travail du fabricant, qui peut être souvent comparé sans exagération à l'un de ceux qui ont valu à Hercule un brevet de demi-dieu. Nous aurons occasion d'en fournir la preuve.

Heureusement pour l'industrie que M. Couder n'est pas seul dessinateur, et qu'il existe ailleurs de véritables artistes manufacturiers, dont les ateliers constamment remplis de travailleurs produisent, suivant les besoins et les goûts du jour, des dispositions appropriées à tous les genres de fabrication, depuis l'indienne à 9 sous et la mousseline-laine à 21, jusqu'aux magnifiques tissus de Caron Langlois, de Japuis, d'Égly-Roux, de Dépouilly, de L. Godefroy, etc. Nous citerons par exemple la maison Claude frères, dont M. Blanqui aîné, membre du jury central, a loué sans restriction les travaux dans le compte rendu de l'exposition qu'il a publié. Depuis dix ans qu'elle est fondée, cette maison n'a cessé d'employer un nombre de dessinateurs toujours croissant et d'approvisionner nos meilleures fabriques françaises ainsi que les plus renommées d'entre leurs rivales étrangères, qui avouent ainsi ne pouvoir lutter avec leurs propres armes. Quoique muette, la part que ces messieurs ont prise à l'exposition de 1839 n'en est pas moins des plus honorables; c'est à eux en effet qu'appartiennent tous les dessins exécutés par M. L. Godefroy de Suresne; et une grande partie de ceux exposés par MM. Caron Langlois de Beauvais, Germain Thibaut, de Paris, et par plusieurs maisons d'Alsace. Initiés d'ailleurs à tous les secrets et à toutes les difficultés de fabrication, dont nous verrons que tout le monde ne tient pas compte, MM. Claude ne se bornent pas seulement à y conformer leurs dessins; ils cherchent encore à élargir le cercle du possible, et pour laisser plus de marge à leur imagination d'artistes, ils cherchent et découvrent les moyens d'obtenir des effets inconnus et d'exécuter ce qu'on n'avait encore pu faire. Leurs derniers travaux en ce genre ont été élaborés en commun avec M. L. Godefroy, dont il a déjà été parlé; ils consistent en un procédé d'impression en résiste sur laine. Dans ce système on imprime d'abord à la planche le sujet principal, puis on le recouvre d'une composition qui forme résiste, et l'on soumet ensuite la pièce à l'action du rouleau passe-partout, qui imprime le fond avec ses ornements de diverses couleurs, et que l'on peut changer à volonté. Il résulte de cette innova-tion une grande variété de dessins différents obte-nus sans aucune dépense, et même avec une notable économie, puisque la première application de la planche se fait beaucoup plus rapidement sur un tissu uni que lorsqu'il faut rentrer à la main sur un fond déjà imprimé au rouleau. MM. Claude, qui ont contribué pour une grande part à la découverte de ce procédé, n'ayant pas pris part à l'exposition de 1839, ne recevront probable-ment aucune récompense du jury; nous serions heureux que la mention que nous faisons ici des services qu'ils rendent journellement à l'industrie leur en soit un léger dédommagement.

MM. Jourdan et Morin augmentent encore la réputa-tion déjà si honorable que leur maison avait acquise sous M. Rey, leur prédécesseur. Entre autres riches et ma-gnifiques étoffes exposées par ces messieurs, nous cite-rons particulièrement un velours de Tyr, un velours de Bombay, une sylphide et une japonaise que nous ne sau-rions louer que d'une manière insuffisante. Nous repar-lerons de cette maison pour ses châles.

MM. Égly-Roux et comp., dont les étoffes nouvelles, exécutées sur les dessins de MM. Claude, ont obtenu tant de succès depuis trois ans, continuent à exploiter avec bonheur la préférence publique. Rien n'est plus joli qu'une orientaline à rayure satin; leurs imitations de cachemire pour gilet sont d'un excellent goût; nous avons vu beaucoup d'amateurs de leur nouvelle étoffe laine et soie, imprimée par la chaîne qui est en laine. Leurs foulards fond uni avec bordure imprimée imitant la dentelle devront avoir beaucoup de vogue. — M. Germain Thibaut a des étoffes mélangées soie et coton et des mousselines de laine dont nous ne pouvons mieux faire l'éloge qu'en disant qu'elles ont été imprimées par M. L. Godefroy de Suresnes. — M. Piot Jourdan expose des étoffes pour robes tentures. En général, les tissus, dont une grande partie ont été fabriqués par MM. Bernoville, sont parfaits; quant aux dessins, il y en a de fort beaux pour meuble, mais ceux pour robes se ressentent beaucoup trop du voisinage de leurs frères pour tentures; on en peut distinguer les détails à vingt-cinq pas. Comprenez-vous un bouquet dont le bouton couvre la poitrine, une feuille l'épaule, et dont la fleur ne peut se développer entière dans le surplus de la circonférence. — Peut-être, au reste, ces étoffes ne sont-elles pas destinées à nos dames de France, mais réservées pour quelque sœur de *Glumdalclitch*, la gouvernante de Gulliver, aux pays des géants..... Le dessin accepté, ces mousselines-laine sont d'ailleurs d'une impression parfaite.—MM. Lavrit et Larsonnier, de Paris, ont des damas imprimés pour tenture et des mousselines de laine à colonne satin pour robes, qui font honneur à leur fabrique. M. Croco, de *Flers* (Nord), se livre à la spécialité des étoffes pour gilet; il en a surtout une en laine coton et soie, sans envers, qui plaît beaucoup. — M. Dépouilly, de *Puteaux*, a de jolies nouveautés pour robes imprimées par la chaîne. — M. Thomann fait les plus jolies robes avec des tissus de M. Bernoville, imprimées à la Perrotine : c'est très-beau, et ce ne doit pas être cher. — M. Pagez-Baligot travaille la laine soie de M. Graux ; sa pièce à dessin rose, pour l'Angleterre, est bien fabriquée, mais n'a rien de supérieur aux étoffes en laine peignée ordinaire, filée par Prévost et tissée par Bernoville. — M. Caron Langlois, de *Beauvais*, est un très-habile manufacturier dont les produits sont toujours au premier rang ; ses tapis de pied haute-laine, ses tapis de table imprimés et ses foulards de fil ne sont pas moins bien que ses châles et ses étoffes imprimées pour meubles et pour robes. — M. Louis Aubert, de Rouen, qui obtint seul, en 1834, la médaille d'or pour les tissus ras, la mériterait encore cette année pour ses excellents tartans foulés pour robes et manteaux. C'est une étoffe plus chaude, plus pleine, plus solide et aussi légère que le tartan ordinaire : la consommation devra en être considérable. Les damas de laine pour meuble ne nous ont rien offert de nouveau, sinon de très-jolis dessins parfaitement exécutés. — M. Japuisaîné et MM. Japuy frères, de *Clayes*, dont le genre se rapproche plutôt de celui de Mulhausen que de l'article Paris, avaient chacun de beaux perses pour meuble, dont l'apprêt était aussi parfait que celui des meilleures fabriques d'Alsace.

Sans pouvoir être comparés aux produits de Suresne, ceux de M. Paul Godefroy de Saint-Denis ne laissent pas que d'être d'une excellente fabrication ; il ne lui manque pour égaler son homonyme que plus de sévérité et de goût dans le choix des dessins qu'il exécute. Sa forêt vierge, par exemple, bien que composée par M. A. Couder et choisie par un noble acquéreur, est fort loin d'être belle ; le tissu, l'impression, sont irréprochables ; mais qu'est-ce que le dessin ? Du vert cru et du rouge turc sur un fond blanc; et tout cela lourd, sans air, sans grace, sans relief. C'est encore plus malheureux que le tapis des quatre parties du monde de M. Sallandrouze, dessiné par le même M. Couder.

TENTURES. — Plusieurs des fabricants dont nous venons de parler ont exposé des tentures, mais aucun ne s'y est livré d'une manière aussi spéciale que les exposants dont il nous reste à nous occuper.

M. Dubus-Bonnel a trop attiré l'attention avec ses tissus de verre pour qu'il soit nécessaire d'en dire bien long à son égard. Tout le monde a admiré l'éclat des tissus dont tout l'endroit est en verre, mais en général on a préféré, pour la richesse de l'effet, les satins brochés verre blanc ou jaune, et donnant une imitation parfaite de l'or et de l'argent. Nous croyons que ces nouveaux tissus acquierront de l'importance, surtout comme bordures. — M. Fortier, le plus grand novateur de l'article châle, a exposé de magnifiques damas laine et soie pour tentures, portières, etc.; jamais Venise n'a rien fait de plus élégant et de plus riche. — M. Tiret, également fabricant de châles, a suivi l'exemple de M. Fortier. Ses damas de laine genre vénitien, pour tenture, sont bien faits; il rencontre parfois de très-heureuses dispositions. — M. Despréaux recule jusqu'au moyen-âge. Ses velours comprimés à l'endroit, dont le dessin en relief est formé par le velours naturel, ont fait plus d'une conquête à l'exposition. C'est bien un peu raide, mais, somme toute, nous préférons cela aux cuirs repoussés devenus si fort à la mode. — Qui ne connaît les beaux velours peints de M. Vauchelet? Cet artiste est toujours digne de lui-même : ses produits sont charmants et à des prix très-raisonnables. — M. Gobert a voulu partager la même fortune, mais n'ayant pas le même talent, son sort est loin d'être aussi prospère. Il conviendra lui-même que, sauf la guirlande de lierre, son tapis de guéridon n'est pas fait pour lui valoir la moindre médaille. — Les velours gauffrés de M. BEAUVALLET conviennent mieux à des meubles qu'à des tentures. Les reflets de son fauteuil bleu sont fort jolis, mais ne connaît-il donc pas d'autres couleurs ?

CHÂLES. — L'industrie des châles est celle dont les progrès ont été les plus rapides, puisque, née avec le siècle, elle touche aujourd'hui à la perfection. Dans le public comme dans la fabrique, l'opinion est partagée sur l'avenir qui attend cette industrie. Quelques uns, en petit nombre, croient que le cachemire français a vécu, et que le cachemire de l'Inde ou à la manière de l'Inde survivra seul ; d'autres s'effraient de la mobilité de la mode et veulent voir dans les mantelets, qui reviennent en usage, l'arrêt de mort de tous les châles ; nous ne serons pas aussi exclusifs dans nos jugements : châles de l'Inde, châles français, mantelets, nous croyons qu'il y a place pour tous. Il nous semble, par exemple, que le mantelet restera un caprice élégant dont la garniture fera tout le prix, et que le châle demeurera toujours en faveur pour sa bonne chaleur et la richesse de son drapé. Quant au procès entre le châle de l'Inde et celui de France, un traité de rapprochement sera contracté entre eux ; la mécanique fournira les moyens de brocher sans découpage, ce qui donnera un envers semblable à celui du travail de l'Inde ; de telle sorte que nos châles, déjà supérieurs pour le fond, le dessin et les couleurs, seront enfin préférés par les plus difficiles.

Un seul exposant, le respectable M. GIRARD, de Sèvres, persévère dans le culte exclusif du châle à la manière de l'Inde. Il faut louer chez M. Girard non seulement sa fidélité pour une puissance qui meurt, mais plus encore son excellent cœur, sa bonté paternelle qui lui fait désirer le triomphe du châle de l'Inde, non pour le triomphe en lui-même, mais parce que ce genre de travail donne de l'occupation à beaucoup d'enfants et surtout de jeunes filles, pour lesquelles l'oisiveté est si funeste. Comprise ainsi, cette industrie devient une œuvre de charité qui nous porte à faire des vœux pour que la société que M. Girard a l'intention de former trouve les capitaux qui lui sont nécessaires; mais nous ne croyons pas qu'il y ait place pour beaucoup d'établissements semblables. La mécanique tue le travail manuel; c'est là un fait dont il faut atténuer les conséquences autant que possible, mais contre lequel il serait inutile et même imprudent de se mettre en état d'hostilité.

M. Deneirouse, le compatriote et l'émule du célèbre Sigalon, n'est pas seulement un grand et habile dessinateur auquel on doit un travail fort curieux et encore inédit sur la fabrication des châles dans l'Inde, c'est encore un très-ingénieux mécanicien, dont les découvertes et les perfectionnements ont fait faire des progrès remarquables à l'industrie des châles. En 1827 et en 1834, il avait produit un nouveau système de mise en carte, qui conformait le dessin au tissu d'une manière si parfaite, que le travail en était considérablement diminué et l'imitation du sillon de l'Inde plus complète. Son tribut de cette année n'est pas moins important que ceux qui lui valurent la médaille d'or aux deux précédentes expositions. Par le moyen d'un nouveau montage du métier à châles, il rend possible l'emploi, pour le broché, de fils aussi fins que eux qui forment le fond, et cela sans augmentation de lecture et de dessin, parce que le même carton sert à donner trois coups de trame au lieu de deux. Le grand avantage de ce procédé est de rendre possible, pour les acheteurs, la distinction entre les châles pur cachemire et les châles indous, c'est-à-dire mélangés de soie et de laine, qu'on vend trop souvent au public pour de véritables ca-

chemires. La finesse du broché est d'ailleurs un grand
mérite pour l'œil, puisqu'il permettra d'exécuter les dessins les plus déliés avec une exactitude parfaite ; ce qui
ne pouvait s'obtenir aujourd'hui qu'en sortant du genre
de tissu de l'Inde qui sert de modèle à toute la fabrique.
Outre cette innovation capitale, on doit encore à M. Deneirouse l'application fort ingénieuse d'un procédé employé déjà dans l'industrie des soies pour obtenir de beaux
effets de couleur : nous voulons parler d'un châle travail
de l'Inde, offrant trois fonds différents produits par l'impression de la chaîne sur le métier.—Nous ne quitterons
pas M. Deneirouse sans le féliciter de l'heureuse pensée
qu'il a eue de fonder, dans sa fabrique, des cours du soir
pour les enfants qu'il emploie. Depuis quinze mois que
ses deux écoles sont en activité, il a obtenu des résultats
qui devraient engager d'autres industriels à l'imiter,
quand ce ne serait que par calcul ; car une pareille institution procure des avantages matériels aux fabricants,
qui lui doivent des ouvriers plus intelligents, plus habiles
et rendant plus de services pour un même salaire.

Dans une balance scrupuleuse, le grand châle de M.
Gaussen l'emporterait, certes, sur tous ceux qui ont été
exposés, car il est sans contredit et de beaucoup le plus
lourd : c'est un magnifique tapis de pied. Le dessin de ce
châle est de M. A. Couder, auquel il a fait beaucoup
d'honneur dans le public. Nous reprocherons, nous, à
cet artiste de n'avoir pas songé, en composant sa *Fête des
fleurs*, aux difficultés de fabrication que chaque coup de
son pinceau soulevait par masses. Cela est si vrai que
M. Gaussen n'a pu exécuter le dessin de M. Couder
qu'en sacrifiant le croisé ordinaire de l'Inde, et en le remplaçant par un point de satin qui couvre la chaîne rouge,
pour faire paraître un fond blanc, broché en trois verts
différents. Cette violation des règles reconnues étant
écartée, il ne reste qu'un châle très-lourd et très-cher,

dont le dessin très-compliqué est d'ailleurs rendu avec une netteté extraordinaire, et telle qu'on n'y était point encore arrivé jusqu'ici : c'est un tableau qui fait le plus grand honneur à M. Gaussen.

M. F. Hébert a préféré laisser à d'autres les tours de force de 20,000 fr. Doué d'un goût sûr et d'une intelligence prompte, il saisit également la portée d'une innovation mécanique et le parti qu'il est possible de tirer du motif le plus ingrat puisé dans un châle de l'Inde. Depuis 1816 qu'il est dans la fabrique, M. Hébert n'a pas laissé passer une machine nouvelle sans l'essayer, et plus d'une fois il s'est trouvé presque seul à faire les dépenses d'application d'une découverte qui allait ensuite enrichir tous ses confrères. Honoré d'une médaille de bronze, d'une médaille d'argent et de deux médailles d'or, dont une sous le nom d'un de ses anciens associés, M. Hébert compte à bon droit et depuis long-temps parmi nos premiers fabricants de châles; son beau châle fond vert, dont le dessin est formé de la combinaison de plusieurs cachemires de l'Inde, ne peut que le maintenir au premier rang.

M. F. Tiret, dont nous avons examiné les tentures, fait très-bien le châle indou (*fond* en cachemire, *chaîne* en soie, *broché* en laine); la bordure de son châle noir est très-belle et très-riche. — MM. Chambellan et Duché exposent un cachemire composé sur les modèles qui ont servi à M. Hébert, et dont ils ont tiré un moins bon parti; le tissu est d'ailleurs très-bien. — M. Albert Simon a un châle de fantaisie, fond vert, dessin chinois, fort original, mais dont la vente ne doit pas être facile; ses tartans sont légers, chauds et de bon goût.— M. Gouri jeune travaille beaucoup pour l'exportation; l'indou qu'il expose est fait avec de fort belles matières. — Le châle carré à deux fonds et à deux dessins différents, de MM. Gagnon et Culhat, s'écarte heureusement du genre indien; son prix est malheureusement un peu élevé (55o fr.). Il faudrait qu'un bon débit, en couvrant les premières dépenses, permît de diminuer ce chiffre. — M. FORTIER qui fut, sinon le premier, du moins l'un des premiers à fabriquer des châles indous, a exposé, outre les belles tentures vénitiennes dont nous avons parlé, un châle d'une forme nouvelle. Ce châle, au lieu d'être long ou carré, est échancré sur les bras, et a ses pointes arrondies; nous ne déciderons pas du mérite de l'innovation, mais nous blâmerons avec énergie la conduite des marchands détaillants qui se refusent à vendre ce châle, parce que M. Fortier étant le seul à le fabriquer, ils ne peuvent le rançonner comme ils font de tous ses confrères, sur lesquels ils gagnent depuis 25 jusqu'à 100 p. 100. On conçoit combien de pareilles exigences diminuent la consommation, privent le public et font tort à la fabrique. Quand donc trouvera-t-on le moyen de mettre MM. les détaillants à leur place et de les renfermer dans leur rôle, d'ailleurs utile, de simples intermédiaires salariés de leurs peines par un bénéfice suffisant, mais limité? — MM. JOURDAN et MORIN ne font pas seulement de belles et riches étoffes, mais encore des châles pour lesquels M. Rey, leur prédécesseur, a eu la médaille d'or; ils en font beaucoup plus que lui et au moins aussi bien. — Le caractère spécial du châle de M. BOURNHONNET est d'avoir été fabriqué avec la laine-soie de M. Graux; il n'a d'ailleurs rien de particulièrement remarquable : le tissu du fond n'est pas irréprochable. — M. FOUQUET aîné est un travailleur persévérant qui mérite des encouragements. Il fait beaucoup de châles indous. — Les châles japonais de MM. MANUEL et DRY sont détestables; — ceux de M. BACHELOT à très-bon marché, ce qui est un grand mérite. — Les petits châles de M. DEBRAS, chaîne unie et trame chinée, sont fort élégants pour le matin et la campagne; leur prix est d'ailleurs abordable.

CHÂLES DE LYON. — Après une période de décadence, la fabrique des châles s'est relevée à Lyon sous l'influence des efforts tentés par un honorable fabricant, M. GRILLET, dont la maison est au premier rang pour l'article indou. Son châle ponceau à fond vert, sans mélange de coton, est parfaitement exécuté. — M. BERNA SABRAN est l'excellent directeur de la belle fabrique située aux portes de Lyon, et connue sous le nom de *la Sauvagère*. Les produits de cet établissement, en châles indous et en châles Lahore, tissu en soie grenadine, broché laine, sont parfaits : ce qui ne surprend personne. Comment, en effet, les plus beaux produits ne sortiraient-ils pas d'une fabrique dans laquelle les meilleurs ouvriers de Lyon sont attirés et fixés par les avantages d'ordre et d'économie qu'ils y trouvent? Cet exemple est encore un nouvel argument pour ceux qui plaident la cause de la classe laborieuse, puisqu'il prouve qu'il est possible d'allier la moralisation et l'amélioration de leur sort matériel à la prospérité des chefs d'industrie. Tout le monde, à Lyon, rend justice à la bonne organisation de la Sauvagère; on en admire les heureux effets; mais cette justice et cette admiration sont stériles. Quand donc porteront-elles des fruits et aurons-nous à applaudir à la fondation de semblables établissements (1)? — MM. MORAS et DAUPHIN, successeurs de M. Reverchon, se distinguent par le bon goût de leurs dessins, l'ensemble et la vivacité des couleurs; nous avons surtout remarqué la bordure et la galerie d'un châle noir; cette maison exporte beaucoup. —

---

(1) Le rédacteur du comité d'examen a publié de nombreux détails sur l'organisation de la Sauvagère et sur le rôle joué par ses ouvriers dans les insurrections de Lyon. Ces documens se trouvent dans le journal le *Phare industriel* du 20 août 1838. Ils ont été reproduits en partie dans le *Rapport sur l'état physique et moral des ouvriers*, présenté à l'académie des sciences morales et politiques, par M. Villermé, l'un de ses membres. Un vol. in-4o, page 40.

Le procédé de MM. BOYRIVEN et GALOT pour la fabrication des châles spolinés sans envers ne nous paraît pas
avoir fait de progrès depuis 1834; les dessins sont toujours très-petits et très-écartés. Il doit pourtant y avoir là
quelque chose. — C'est probablement par erreur que
M. BOUTHERON figure dans la galerie des châles, du moins
nous n'avons vu dans sa case rien qui justifiât cette clas-
sification. La pièce la plus considérable de son exposition
est, non pas un châle, mais un tapis de guéridon très-
peu remarquable.

CHALES DE NIMES. — La spécialité de Nîmes est
le bon marché qui, grace au goût de ses fabricants,
n'exclut pas toujours l'élégance. — MM. BARNOUIN et
BUREAU exposent des thibets (laine, soie et coton), de
40 à 60 francs, et quelques indous pour assortiment.
Le tout est aussi bien que possible pour les prix. —
M. COLONDRE fait pour l'exportation en Hollande des
châles soie et coton à 26 francs dont il vend beaucoup.
— MM. ROUX frères travaillent pour nos voisins les
Belges, auxquels ils envoient des thibets à 15 francs;
c'est pour rien. L'indou qu'ils ont fait pour l'exposition
renferme du coton. — MM. COUMERT et CARRETON placent tous leurs produits dans le midi, qui achète des
masses de leurs impressions sur coton, à 31 francs la
douzaine. — MM. SABRAN frères, parents du directeur
de la Sauvagère, comptent parmi les premiers fabricants
de Nîmes. Honorés trois fois de la médaille d'or, ils
soutiennent dignement leur réputation.

TAPIS ET TAPISSERIES. — Nous l'avouerons avec
peine, notre fabrique de tapis n'a fait aucun progrès
depuis 1834; du moins les produits exposés sont de beaucoup au dessous de ce qu'ils étaient à cette époque. — La
seule supériorité de notre industrie sur celle de l'Angleterre réside tout entière dans le goût de nos dessins,

l'harmonie des couleurs ; c'était là jusqu'ici le cachet auquel on reconnaissait nos produits et le motif qui les faisait préférer ; que deviendront-ils si nous descendons sous ce rapport au niveau de nos adversaires, qui ont sur nous l'immense avantage d'avoir, en abondance et à bon marché, des matières premières qui nous manquent et que nous payons dans tous les cas à 22 p. o/o au-dessus de leur valeur.

Un seul fabricant, et encore est-il hors de concours par sa qualité de membre du jury central, un seul fabricant, disons-nous, se maintient à la hauteur de sa réputation : c'est M. Sallandrouze Lamornaix.

Son grand tapis, dans le milieu duquel figure un paon, est un véritable chef-d'œuvre, ainsi que les panneaux exécutés d'après Boucher. Mais, observons-le bien, ce ne sont pas des tapis, mais de la tapisserie comme Beauvais et les Gobelins peuvent seuls en faire, non pas mieux, mais aussi bien. Le grand tapis haute laine, représentant la végétation des quatre parties du monde, est incomplet comme dessin et demande à être vu de loin, pour ne pas choquer les yeux par de grandes plaques de même couleur ; or, comme un tapis est essentiellement fait pour être vu de près, puisque l'on marche dessus, et la composition de M. Couder demandant de la perspective, elle doit être considérée comme imparfaite, relativement à la destination spéciale qu'elle a reçue. Le tapis est, du reste, au dessus de tout éloge comme science de fabrication. Nous n'avons jamais vu, même aux Gobelins, d'or aussi parfait, brillant d'un éclat aussi vrai, aussi métallique, que celui qui se trouve à profusion dans ce grand et après tout magnifique tapis. Mais, il faut bien l'avouer, ce que nous préférons à tout cela, non comme art mais comme industrie, ce sont les belles et riches moquettes en bande à 16 francs le mètre ; jamais l'Angleterre et la Belgique n'ont rien fait d'aussi joli, d'aussi riche ? Il est vrai que ces pays font à bien meilleur marché.

Nous croyons cependant qu'il est à Nîmes un fabricant dont les moquettes sont aussi belles que celles de M. Sallandrouze et aussi bon marché que les Anglais; on n'avait jamais rien fait de semblable en France. Sauf cette honorable exception, les tapis de Nîmes sont hors de toute appréciation. Les tapis de bourre de soie sont surtout horriblement laids et ne doivent pas être chauds. Nous préférons, nous, les tapis en poil de chevreau de MM. BELLANGER ET NOURRISSON, de *Tours*, dont nous regrettons de ne pas savoir les prix. — La ville d'Au_ tun , qui fait depuis long-temps et toujours avec succès des tapis en poil de bœuf, n'avait rien envoyé à l'exposition. — M. VAYSON , d'*Abbeville* , est un très-bon et très-habile industriel ; ses tapis sont irréprochables comme fabrication , mais que les dessins qu'il a copiés sont donc affreux ! Nous n'oublions pas que M. Vayson a été l'un des premiers fabricants de tapis qui ait fait monter chez lui un assortiment de machines pour filer les étoupes de chanvre. Il en avait exposé plusieurs paquets qui eussent pu être comparés aux meilleurs produits de même nature de la section des chanvres et lins. M. DEMY BOINEAU et MM. PARIS FRÈRES, d'*Aubusson*, ont, comme M. Vayson, des tapis bien faits , mais d'après de détestables dessins : or c'est là pour la France le point essentiel.

La sous-section des tapisseries nous offre plusieurs chefs-d'œuvre de patience qui , par leurs prix élevés , ne nous paraissent avoir qu'une faible importance commerciale. La maison BUCHER n'a montré que des produits ordinaires qui perdent trop à la comparaison qu'on en fait avec ce qui les environne, pour que ce ne soit pas une faute de les avoir exposés. — Les ouvrages de la maison HAUTERIVE ET SŒUR forment surtout ce dangereux point de comparaison. Rien de plus vrai , de plus exactement rendu que cet écran à sujet villageois ; c'est tout-à-fait un tableau, mais aussi cela coûte 1,000 francs, tout monté , il est vrai. Un fauteuil , point des Gobelins , est également de la plus parfaite exécution. — M. COLLINEAU aîné s'en tient au dessin de Berlin : aussi, par cela même que le modèle a été parfaitement imité, la copie est pâle comme tous les dessins de Berlin. — M. ROUGET DE LISLE présente une nouvelle espèce de tapisserie imitant le point des Gobelins , et que toutes les dames peuvent faire dans leur salon sur un métier à basse lisse , construit d'une manière fort élégante par l'exposant.

Mlle L. BERTHAUT , de *Dijon* , est véritablement une artiste en tapisserie : à l'exemple des maîtres d'autrefois qui fabriquaient eux-mêmes leurs couleurs, elle a teint toutes les laines dont elle s'est servie pour exécuter ses trois grands tableaux de paysage et architecture. De près, c'est bien un peu maigre et un peu sec; mais, à quelques pas de distance, cela joue parfaitement la peinture non vernie. Nous craignons par exemple que ces tours de force ne trouvent que très-peu d'amateurs au prix de 2,000 francs pièce. — M. LIMAGE PINÇON , le même qui a exposé une nouvelle espèce de tenture brochée à la mécanique, a inventé également une nouvelle espèce de tapisserie mécanique imitant le point de Beauvais. Cette invention demande, comme la première, de nouveaux perfectionnements qui , une fois trouvés, donneront une véritable valeur industrielle à ces deux espèces de tissus.

Nos lecteurs remarqueront peut-être que nous n'avons rien dit des tapis en fourrures, dits tapis de peaux de chat. Ce produit étant absolument de fantaisie et d'une vente très-limitée, nous ne le considérons pas comme un produit vraiment commercial. L'un des exposants nous ayant assuré que le tapis de peau de chat était à l'abri des insectes qui dévorent les hautes fourrures, nons avons eu l'occasion de nous assurer du contraire : aussi garderons-nous jusqu'à nouvel ordre nos convictions à l'égard de ce genre de tapis qui, en outre des qualités que nous venons d'énumérer, a le mérite négatif d'être assez laid et fort cher. Somme toute, nous préférons de beaucoup un tapis haute laine de M. Sallandrouze, ou même les belles moquettes de Nîmes.

FILS ET TISSUS DE LIN.

Cette industrie est tout entière dans les douleurs d'une révolution. Et, ce qu'il y a de déplorable, c'est que la lutte n'existant pas entre des rivaux d'égale force, mais entre des vieillards d'une part et des enfants de l'autre, il est facile de calculer combien chaque jour les premiers perdent de force et combien les seconds en acquièrent. Posée en ces termes, la question n'est pas douteuse et la catastrophe est inévitable; mais ce qu'il y a d'affligeant, c'est qu'elle doit froisser violemment quelques cent milliers d'existences, sans qu'il soit possible de les secourir. Tous luttent au reste, et nous allons voir que, si le travail à la main est fatalement réservé à la mort, il combat du moins avec talent et vaillance jusqu'au dernier soupir.

On distingue dans la filature de lin MM. Ch. Lahérard, Feray et Bègue. Comme le public, nous avons trouvé que les fils de mécanique de M. Feray étaient au dessus de toute comparaison : aussi en sommes-nous à nous demander comment cet habile industriel peut réclamer avec tant de vivacité l'élévation du droit qui frappe sur les fils d'Irlande, lorsque, dans l'état actuel, ses produits leur sont préférés même avec une différence de plus de 10 p. 100 dans les prix.

Nos départements de l'ouest envoient des fils à coudre filés à la main, qui paraissent bien faits, surtout ceux de

M. A. Blaise de *Gaimgamp* (Côtes-du-Nord), dont les prix sont établis sur un système que le reste de la France n'a pas adopté et que nous ne comprenons qu'imparfaitement. — Nous enregistrerons pour mémoire seulement du fil à dentelle de M. Fiévet Mahiau de *Boué* (Aisne) et de M. Dupont, de *Landas* (Nord); ce sont de véritables chefs-d'œuvre semblables à celui de mademoiselle Charpentier, mais ils se vendent 162 fr. 50 c. l'once. En 1815, on en faisait pour plus d'un million, aujourd'hui à peine pour 100,000 fr.

A force d'essais, de recherches et de persévérance, nos fabricants sont parvenus à enlever à la Saxe sa vieille réputation pour le linge de damassé. On fait maintenant en France du damassé plus beau et meilleur marché qu'en Silésie; mais, il faut le reconnaître, nous ne sommes supérieurs que pour les qualités extra-fines, et nous avons encore des leçons à prendre pour celles ordinaires.

M. Feray, d'*Essonne*, occupe pour le damassé le même rang que pour la filature. Ses tissus sont magnifiques, les dessins bien choisis et d'un relief parfait. — Le seul concurrent qu'il soit possible de lui opposer avec succès est M. Auloy-Millerand, de *Marcigny* (Saône-et-Loire), le plus habile défenseur de la filature à la main. Tous les produits qu'il expose (et ils sont nombreux, puisque l'on compte 36 dessins, tandis que M. Feray n'en a que quatre), ont été fabriqués avec des fils dont une partie est récoltée et le tout peigné chez lui, et filé pour son compte par environ 2,000 femmes habitant le canton et gagnant de deux à six sous par jour. M. Auloy prétend que la filature à la main laissant les brins dans toute leur longueur, on obtient ainsi des trames assez fortes, quoique peu tordues, tandis que, dans le travail à la mécanique, les brins étant rompus et hachés de longueur dans la préparation, il faut tordre davantage pour avoir une force suffisante, ce qui fait vriller le fil et rend le tissage plus lent et plus difficile. Quoi qu'il en soit de cette question, que nous ne pouvons résoudre, nous pouvons dire avec certitude que M. Auloy-Millerand fabrique d'admirable linge damassé plein de corps et de force et dont les dessins, de la plus grande délicatesse, sont rendus avec une perfection incroyable; les contours, bien qu'arrêtés par un seul fil, sont aussi nets et aussi en relief que ceux de M. Feray, qui jette plusieurs points de satin pour les faire mieux ressortir. Un service de 36 couverts, commandé pour la cour de Sardaigne, et offrant sur chaque pièce les armes de la maison royale, est surtout extraordinaire par le fini avec lequel tous les détails sont rendus; le fond qui est un semé d'épis à barbes est également très-remarquable. Le prix de cette merveille n'est que de 720 fr. Jamais on n'a rien vu d'aussi beau.

M. Bégué, de *Pau*, a envoyé de ce pays, où la fabrication du damassé est en grand honneur, une grande nappe achetée par le roi et représentant le château où naquit Henri IV. Cette grande pièce n'a pas, à beaucoup près, le mérite des expositions de MM. Feray et Auloy. Les contours sont incertains, et il serait fort difficile de saisir l'ensemble du dessin si le fabricant n'avait eu le soin d'exécuter sa nappe en façon de nappe à thé, c'est-à-dire que le broché faisant le dessin est d'une couleur, et le fond de l'autre; l'un bis, l'autre blanc. — M. Noulibos, de *Pau*, n'a exposé qu'un petit nombre de dessins qui nous ont paru très-bien rendus. — M. Mazille Perrier, à *Marcigny*, est un élève de M. Auloy; ses produits sont loin de pouvoir être comparés à ceux de son ancien patron. Une serviette à thé, d'une exécution d'ailleurs assez facile, nous a paru mieux que le damassé blanc.

Roubaix est peut-être la ville de France la plus entreprenante en fait d'industrie; propre à tous les travaux, elle ne recule devant aucune difficulté. A peine un article est-il découvert en France, en Angleterre, en Chine ou ailleurs, qu'elle abandonne sa fabrication ordinaire, démonte ses métiers et les dispose de manière à pouvoir travailler dans le goût du jour. Il suffit de prendre au hasard parmi ses fabricants, et de consulter ses livres, pour avoir une idée de la facilité merveilleuse avec laquelle ces Protées industriels se transforment. Voici, par exemple, M. Lefebvre Horrent qui peut servir de type pour tous ses confrères et concitoyens.

En 1819, Roubaix ne fabriquait que du coton ; M. Lefebvre y introduit l'article casimir laine et coton, et pendant quatre ans on en a fait des masses, ainsi que du bouracan, dont il est encore l'un des promoteurs. — En 1823, la vogue se ralentit, M. Lefebvre crée l'article mexicaine dont il s'est tant vendu en France et à l'étranger. — L'année suivante, en 1824, il fabrique de la circassienne, excellente et jolie étoffe qui commence à redevenir de mode sous un autre nom. — Toujours de 1823 à 1824, M. Lefebvre importe en France l'article poil de chèvre, mélange de laine et soie que nous avions demandé jusqu'alors à l'Angleterre, et dont la consommation pour gilets est toujours considérable sous le nom de cachemire. — Le poil de chèvre pour pantalons date encore de la même époque ; les demandes considérables qui s'en firent en peu de temps provoquèrent la création de filatures de laine longue à Roubaix et dans les environs. — C'est à 1827 que remonte l'emploi du métier Jacquart à Roubaix ; M. Lefebvre fut le premier à l'y introduire et s'en servit pour perfectionner l'article gilet poil de chèvre, qui l'emporta complètement depuis lors sur les tissus similaires que les anglais vendaient à Paris. — En 1830, Roubaix, bien loin alors de ses tissus de coton de 1816, se donna au lasting et au stoff ; puis, en 1833, au damas de laine pour meubles. — En 1834, l'industrie des lins fit son entrée à Roubaix, et nulle part maintenant on ne fait mieux les étoffes de fantaisie pour pantalons et pour gilets, depuis les plus élégants jusqu'aux plus ordinaires. — L'article linge damassé n'a pas échappé non plus à cette activité dévorante, et plus d'un fabricant de Roubaix, y compris M. Lefebvre, nous montre des services de thé et des damassés blancs qui prouvent qu'il n'est aucune difficulté que l'intelligence vraiment surprenante des industriels du nord ne parvienne à surmonter en peu de temps.

La place ayant manqué dans les galeries, les fabricants de Roubaix n'ont pu mettre qu'un spécimen très-incomplet de leurs produits. Aucun article de laine n'a trouvé place dans la case de M. Lefebvre-Horrent, qui avait eu une médaille en 1834 pour ses damas de laine; en revanche, ses étoffes pour pantalons et gilets sont délicieuses et le feront certainement distinguer par le jury. Quant à son linge damassé, nous le trouvons un peu mou de tissu et sans relief comme dessin. Une nappe, dessin raisin est cependant très-bien sous tous les rapports. — M. Ternynck, de *Roubaix*, expose des nouveautés en fil pour gilets et pantalons, et des coutils satins blanc, pur fil, très-soignés. Les prix varient de 4 fr. 50 c. à 6 fr. l'aune.

Lille est de droit une cité linière, c'est tout à la fois l'entrepôt des fils de lin anglais et le chef-lieu d'une industrie modeste et assez importante, celle des filetiers ou retordeurs de fil à coudre. — M. Debuchy expose des étoffes pour pantalons dont le dessin est fait par la chaîne comme pour les piqués en laine de Louviers; c'est une étoffe très-jolie et très-solide. — M. Charvet, de *Lille*, varie ingénieusement les dispositions de ses coutils façonnés qui réunissent, à la diversité et au bon goût des dessins, la régularité des mélanges et la perfection du

tissu, il mérite d'être distingué d'une manière spéciale.—
M. D. Debuchy, de *Turcoing*, a fait des coutils mélangés,
fil de lin et soie ; nous préférons de beaucoup ceux en pur
lin.—M. E. Desfontaines, aussi de *Turcoing*, fait la nouveauté pour pantalons à bon marché ; ses dessins ne sont
pas tous jolis. — Le coutil de fil blanc à 29 sous l'aune,
en deux tiers, de M. Durand, de *Canisy*, est beau
pour ce prix. — Les satins-coton de Mme Vattine, de
Roubaix, ne coûtent que 60 fr. l'aune, mais leurs dispositions sont bien laides ; on pouvait faire plus joli sans
plus de dépenses.— M. Lefournier-Lamotte, de *Condé-
sur-Noireau*, essaie le damassé de lin, mais il n'est pas encore sur la voie ; ce malheureux dessin ne se détache pas
du tout sur le fond.

TOILE. — Le département de la Sarthe a envoyé de
fort belles toiles de chanvre et de lin dans toutes les dimensions. Nous avons remarqué celles de M. Constant
Goupille, de *Fresnay*. — M. F. Gérard, du même lieu,
a tissé des toiles à tableau de 15 pieds 3 pouces de large,
sans couture, qui sont fort belles et très-régulières. —
M. Cohin, de *Laferté-Bernard*, a envoyé de bonne toile
pour doublure, a 1 fr. 20 c. le mètre, qui remplace avantageusement celle que la Belgique faisait payer 1 fr. 30 c.
à notre ministère de la guerre. — MM. Bachmallet,
Barnicaud et Dietz, de *Clermont-Ferrand*, exposent des
toiles tissées à la mécanique sur les métiers de M. Debergue, qui valent en régularité et en force ce qui se fait
de mieux par le tissage à la main. — Plusieurs maisons
de Rennes ont envoyé des échantillons de leurs toiles à
voiles en chanvre de Bretagne ; leur mérite est attesté
par la faveur dont elles jouissent dans la marine.

FILS ET TISSUS DE SOIE.

En 1810, l'agriculture française ne comptait que
9,631,674 mûriers en rapport ; en 1834, ce nombre

s'élevait à 14,879,404; aujourd'hui il doit dépasser 20 millions. Ce n'est guère que depuis 1830 que ce progrès s'est manifesté et que l'éducation des vers à soie, mieux entendue et mieux dirigée, s'est perfectionnée dans le midi et répandue dans le nord.

Deux hommes surtout ont contribué à ce résultat : M. d'Arcet, par l'invention de sa magnanerie salubre; M. Camille Beauvais, par l'habileté avec laquelle il a appliqué et modifié suivant les circonstances les découvertes de celui que nous avons déjà nommé notre savant universel. Le gouvernement, et c'est une justice que nous nous plaisons à lui rendre, a puissamment contribué, lui aussi, à pousser le pays dans cette voie; de nombreuses missions ont été données par lui à des hommes spéciaux pour étudier sur les lieux les méthodes les plus parfaites et en démontrer les avantages aux producteurs français, malheureusement trop disposés à suivre les errements de routines vicieuses ; quelques uns se sont rendus à l'évidence, d'autres s'obstinent encore à la nier ; nous espérons que les missionnaires de la vérité auront plus de persévérance encore, et ne mettront un terme à leur croisade scientifique qu'après en avoir atteint complètement le but, qui est d'un haut intérêt national ainsi que les chiffres qui suivent permettent d'en juger.

En 1835, la France a récolté 9,007,967 k. de cocons, et filé 876,019 k. de soies grèges. Les importations se sont élevées, pour la même année, à 781,312 k. soies grèges du prix officiel de 70 francs, et 585,608 k. soies moulinées, du prix officiel de 40 francs. Sur ces quantités on a exporté au dehors, et surtout en Angleterre, 530,085 k. de soies grèges, 109,945 k. de soie moulinée et 32,476 k. de soie à coudre (1), à 95 francs. C'est donc

____

(1) Dont 17,943 de fabrique française. Les trois quarts des soies à coudre exportées sont destinées aux États-Unis de l'Amérique.

en réalité 251,227 k. de soies grèges et 475,663 k. de
soies moulinées, que nous demandons à l'agriculture et
à l'industrie étrangères, et que les nôtres devraient pouvoir nous fournir. Nous ne disons pas que c'est un tribut
que nous payons à l'étranger; cette expression est dénuée
de sens, puisque payer un tribut, c'est *donner* son bien
et ne rien recevoir en retour; tandis que, dans tous les
actes de commerce on ne *donne* pas, mais on *échange*, ce
qui est bien différent. Mais ce que l'on peut regretter,
c'est, par exemple, que notre agriculture, qui est pauvre,
ne soit pas en mesure de nous céder les soies qui nous
manquent, contre les produits de nos fabriques que
nous sommes obligés de porter en Sardaigne, pour y
avoir ces mêmes soies; il y aurait pour nous le même
intérêt, comme vendeurs, et de plus l'avantage de voir
nos concitoyens plus riches, mieux logés, mieux vê-
tus, etc.

Nous ne sommes pas de ceux qui regrettent les produits ou l'argent avec lesquels on paie les denrées et les
marchandises étrangères qu'il serait impossible de créer
en France, ou qui s'y trouveraient placées dans des conditions trop défavorables; ainsi nous ne demandons pas,
par exemple, qu'on nous produise des bois de teinture
ou du café en France; mais il n'en est pas ainsi pour les
soies, dont nous nous occupons en ce moment. Les soies
françaises sont aussi bonnes, sinon meilleures que les
soies étrangères; elles s'obtiennent à un prix à peu près
égal, le sol qui convient aux mûriers ne manque pas,
non plus que les femmes nécessaires pour l'éducation des
vers et le dévidage des cocons; nous ne croyons donc pas
émettre un vœu anti-économique en exprimant le désir
de n'avoir plus à signaler en 1844, lors de la prochaine
exposition, aucune importation en France de soie grège
étrangère.

Bien qu'il fût assez difficile de juger les soies exposées,

qui, pour la plupart, étaient soigneusement défendues contre les atteintes de la poussière par d'élégantes et solides montres d'acajou et de verre ; nous avons pu remarquer toutefois les progrès obtenus depuis quelques années dans le Midi, notamment par MM. LIOUD et comp., d'*Annonay* ; ANDRÉ JEAN, de *Périgny* ; LAURET frères, de *Ganges* ; CORBIÈRE VILLALONGUE, de *Perpignan* ; TEISSIER-DUCROS, de *Vallerangue*, et CHAMBON, d'*Alais*. La filature nous a paru surtout s'être perfectionnée ; quant à l'éducation des vers, nous n'en pouvons rien dire, puisque sa perfection se résume dans des prix que nous ignorons, et dont la modicité indique que, par suite de précautions savamment prises, on est parvenu à écarter les chances, autrefois si fréquentes, de perte de récolte par les touffes, la muscardine, etc., et qu'avec tant d'onces de graine et tant de kilog. de feuilles, on a obtenu tant de kilog. de cocons qui ont rendu un poids de ...... au dévidage. — Pour nous, M. CAMILLE-BEAUVAIS est hors de concours ; quelque beaux, quelque parfaits que soient ses produits, quelque blanche et bien filée que fût sa soie *sina*, elle ne saurait avoir à nos yeux de valeur commerciale, parce qu'elle n'a point été produite par un fabricant ; mais bien à titre d'expérience et par un savant industriel. L'établissement *des Bergeries* est une magnanerie modèle et non pas une fabrique de soie ; ses résultats ne se connaissent pas par la balance du compte de profits et pertes, mais par les découvertes qu'on y fait, par les progrès que l'on détermine et dont la formule part de là pour s'appliquer ensuite sur tous les points de la France. Le gouvernement soutient ce grand et beau laboratoire, il fait bien : l'argent des contribuables ne saurait jamais recevoir un meilleur emploi. —La MARTINIQUE et la GUADELOUPE ont envoyé quelques flottes de soie si mauvaise et si mal filée, qu'il est impossible d'engager ces deux colonies à persévérer dans

de pareils essais, qui font juger que la production de la
soie n'est pas appelée à remplir les vides faits dans les
coffres des planteurs par la continuation de la crise des
sucres. — MM. MILLET, à la *Cataudière*; MILLET et RO-
BINET, de *Poitiers*, et de FRANCHEVILLE, *à Rennes*, ont
fait aussi des essais de plantation de mûriers et d'éduc-
tion de vers; les soies qu'ils exposent laissent encore
beaucoup à désirer pour le blanc.

M. LANGEVIN, de *La Ferté-Aleps*, peigne et file la bourre
de soie avec beaucoup de supériorité; ses produits sont
très-recherchés par les fabricants de châles indous. — La
maison centrale de Nîmes, celle de Montpellier et celle
d'Embrun se livrent également au cardage et à la filature
de la bourre de soie; on y fait aussi de bonnes étoffes
communes et à bas prix. — Il y aurait ici bien des choses
à dire, si nous en avions le temps, sur l'organisation du
travail dans les prisons et sur la concurrence que les travailleurs renfermés dans ces maisons font aux ouvriers
libres : ce sera pour un autre temps. — M. HAMELIN,
de *Paris*, est un très-habile fabricant de soie à coudre ;
la série d'échantillons qu'il expose en unis et chinés de
toutes nuances est fort belle. Une grande partie des soies
préparées par M. Hamelin sont d'origine étrangère. —
M. CHARDIN, de *Paris*, expose de belles soies teintes et
organsinées pour passementerie. — MM. BRUGUIÈRE et
BOUCOIRAN, de *Nîmes*, sont parvenus à perfectionner
leurs moyens de production au point de vendre des soies
floches et des cordonnets à coudre en concurrence avec
Paris.

Parmi les fabricants de rubans, nous avons remarqué
MM. DUGAS, de *Saint-Chamond*, rubans nués; DAVID, de
Saint-Étienne, rubans velours de toute couleur; BALAY
frères, rubans de modes; FAURE frères, rubans chinés et
marbrés; MARTIN et comp., rubans blancs brochés blanc
et couleur sur métier à six pièces; VIGNAT-CHOVET et

comp., rubans brochés au battant mécanique et rubans imprimés sur chaîne, pour l'exportation ; RENODIER PÈRE ET FILS, rubans mi-soie et taffetas, à très-bon marché.

M. HENNECART, de *Paris*, dont la fabrique est à Saint-Quentin, est parvenu, ainsi que nous l'avons dit déjà, à remplacer les toiles métalliques et les toiles de laine et de coton pour la garniture des blutoirs à farine par une gaze de soie que la Hollande et la Suisse faisaient seules autrefois, et qu'il fait mieux qu'elles aujourd'hui. Cet habile industriel a exposé une gaze d'une finesse de 24,480 trous au pouce carré, qui est une merveille qu'on ne saurait trop admirer ; la grosse gaze en soie sauvage de l'Inde pour le blutage du son a un mérite différent, mais très-réel ; il en est de même de la gaze imperméable, dite gaze d'argent, pour couvrir les dorures et bronzes.

La fabrique de Lyon occupe une belle place à l'exposition ; au premier rang se trouvent MM. MATHEVON et BOUVARD. Que de richesse, de goût et de parfaite exécution dans toutes ces somptueuses étoffes pour églises, pour tentures et pour robes ! Avec quel soin et quelle habileté on est parvenu à reculer les limites dans lesquelles le battant-brocheur se renferme encore, en faisant serpenter les colonnes de fleurs qu'il exécute. C'est également dans cette case, ainsi que dans celle de M. GROBOT-PIERRE, que se trouvent les velours spolinés au battant-brocheur de M. AMBLET ; il nous a paru seulement que les fils des grands dessins flottaient un peu, faute d'avoir été assez liés. Ce n'est au reste qu'un léger défaut qui n'empêchera pas que cet article, inconnu jusqu'ici, devienne l'objet d'un grand débouché pour la fabrique de Lyon. — MM. GRAND frères ont, entre autres pièces remarquables, un brocard dont le dessin est en velours et le fond en satin avec fleurs brochées en or ; pour comprendre le mérite de cette fabrication, il faut rappeler que le velours se fait à l'endroit, c'est-à-dire que la navette se lance au dessous, tandis que le satin et le broché se font à l'envers, la navette en dessus; c'est là une difficulté vaincue. Le prix de ce brocard est de 190 fr. en 3o pouces de large. Une brocatelle de 1o5 fr. contient jusqu'à 65 et 7o fr. d'or fin. — MM. Ollat et Dervernay exposent seuls des peluches imitant la fourrure dont la fabrication est parfaite et du meilleur goût. MM. Servant et Ogier se livrent avec non moins de bonheur à la spécialité des articles pour gilets brochés en plusieurs couleurs. — MM. Paton Crozier et comp. ont de bien jolies robes, et MM. Burel frères de bien belles étoffes satin et velours. — M. Lemire-Danguin a de riches étoffes où l'or et l'argent se combinent avec les vives couleurs de la soie teinte; pour quels pays lointains sont ces produits? — Les taffetas-renaissance pour meubles, de M. Fournel sont jolis, mais un peu pâles. — M. Didier-Petit a fait exécuter en soie et par le métier Jacquard, le portrait de ce célèbre ouvrier; c'est une bonne pensée et un beau travail, mais qui n'éclipse pas le chef-d'œuvre déjà ancien de M. Maisiat, le portrait et le testament de Louis XVI. M. Didier-Petit a fort heureusement remplacé l'apprêt qu'on donne au damas et qui passe vite, par du fil de lin qui le soutient davantage. — MM. Godmard et Meynier n'exposent guère que des étoffes spolinées avec leur battant-brocheur; nous leur ferons la même observation qu'à M. Grobot-Pierre. — Le velours broché de M. Lambert Franchet est loin d'être irréprochable; quant à son velours ciselé, il est à la fois trop lourd et trop léger, ce que l'on conçoit facilement en se représentant une application de velours sur un fond en gaze imitant le tricot ou le filet; la fabrication doit être du reste fort difficile, et l'usage très-borné. — Nous avons remarqué parmi les satins, gros de Naples et pou de soie façonnés de MM. Chastel et Rivoire, une pièce blanche, brochée, rose et vert, d'un goût exquis et d'une grande richesse. — M. Bernard et MM. Savoye et comp., exposent des velours qui nous ont paru atteindre également le plus haut degré de perfection; outre ses magnifiques velours cramoisi et ponceau, le premier avait encore des moirés et des gros de Tours d'une excellente fabrication.

MM. Arguillère et Mouron sont les représentants du bon marché, cette qualité précieuse que nous considérons comme la seule base solide de l'industrie, et que presque tout le monde nous semble trop dédaigner (1). Les lustrines de Florence, que l'Italie faisait seule jusqu'ici, sont enfin devenues un article français, grace à MM. Arguillière et Mouron nos ouvriers savent travailler les grosses soies ouvertes, communes, irrégulières, mal tordues et à bas prix, qui conviennent à cette fabrication. L'étoffe faite avec ces soies est très-brillante, quoique sans apprêt, d'un excellent usage et à très-bon marché. La teinture seule est imparfaite; c'est un léger défaut qui ne peut être qu'accidentel dans une ville qui, comme Lyon, renferme une école de teinture et des praticiens aussi habiles que M. Vidalin et M. Bailly, son contre-maître.

---

(1) Appelés seulement à examiner les produits de l'industrie française, nous n'avons pas à nous occuper des décisions du jury central. Nous ne pouvons cependant cacher l'étonnement que nous avons éprouvé en voyant que des fabricants qui avaient obtenu des médailles d'or aux expositions précédentes, pour des produits extra-fins qui ne se vendent pas ou du moins en si petites quantités, n'ont eu cette année que la médaille d'argent, ou même moins, parce que d'après les conseils maintes fois renouvelés des ministres à la tribune, des économistes dans les journaux et dans les livres, ils avaient abandonné cette spécialité brillante, mais ruineuse, pour adopter et perfectionner le genre de produits qui convient aux masses, à la grande consommation. Nous ne nommerons pas plus les victimes que les coupables, nous ne qualifierons pas les actes, c'est un soin que nous laissons aux parties intéressées; nous n'avons voulu, nous, que protester contre une erreur qui peut avoir de graves conséquences, en engageant l'industrie à persévérer dans la voie des productions de luxe qui ne peut la conduire qu'à des encombrements et à des crises qui ne lui ont déja fait que trop de mal.

FILS ET TISSUS DIVERS.

Nous avons déjà parlé des tissus de verre, nous n'y reviendrons pas ; mais nous mentionnerons avec éloges les tissus métalliques pour tentures et boutons de M. Ch. Christofle, les tissus de crins brochés en couleur, de M. Bardel et ceux de M. Mugnier, de *Gray*. Les étoffes en laine imprimée et foulée de M. Trotry-Latouche ; les impressions en relief de M. Joliet ; les tissus en caout-chouc de M. Cocu, de M. Cristian-Ledoux, et ceux surtout de MM. Rattier et Guibal, qui sont parvenus à fabriquer cet article avec plus de perfection que l'Angleterre ; mais toujours, il est vrai, à un prix beaucoup plus élevé. Les quatre sortes de travaux pour lesquelles ces messieurs se présentent cette année à l'exposition sont : les doubles tissus imperméables (on ne faisait encore que cela en 1834), les tissus élastiques, la recomposition de la gomme, et enfin son application à l'extérieur du tissu sans aucun vestige d'odeur, d'adhérence ou de décomposition.

DENTELLE, TUL, BLONDE ET BRODERIE.

Nous avons dit, en parlant de la filature du lin, combien la fabrication des dentelles et du tul de fil avait perdu de son importance depuis vingt ans ; il ne faut donc pas s'étonner si cette industrie était si modestement représentée à l'exposition. Cet article perdu se confond aujourd'hui avec la blonde de soie, la dentelle et le tul de coton ; nous nous conformerons à ce désordre. — Le célèbre Violard, de *Paris*, qui s'est rendu coupable de l'invention des dentelles métalliques, c'est-à-dire mélangées d'or ou d'argent, a eu du moins le tact de n'en exposer que fort peu ; plusieurs de ses robes, non pas toutes, étaient de bon goût et d'une belle exécution. — M. Mayer, de *Caen*, est un partisan frénétique des dentelles métalliques ; ses barbes, tout en or fin, sont très-lourdes et bonnes pour orner une statue; les blondes, avec fleur en soie de couleur, bordées d'or ou d'argent, sont du même goût que les barbes. — M. Aubry-Febvrel, de *Mirecourt*, a envoyé de délicieuses malines pour barbes, broches et manchettes; les dessins sont d'une grande délicatesse et parfaitement rendus. — La maison Marie Hottot, de *Caen*, rachète ses écharpes et ses robes en blonde métallique par une magnifique écharpe en blonde blanche. — L'exposition de MM. Dufas frères, de *Mirecourt*, est l'une des plus jolies; quoi de plus gracieux que le dessin de sa voilette et ceux de ses dentelles en bande à fond de Paris! — MM. Robert-Faure et Falcon, au *Puy*, ont plusieurs dentelles d'un dessin riche, ainsi que des malines et des fonds de Paris très-bien. — M. Lefort, à *Grand-Couronne* (près Rouen), fabrique des tuls à l'imitation des anciens tissus-filet, des dentelles point-de-champ, de Bruxelles, de Malines; le tout à très-bon marché. — Le dessin du sultan aux armes du comte de Paris fait honneur à M. Cantellon; il a été parfaitement exécuté par M. V. Van-Eckout. — M. Didot père, de *Lunéville*, a essayé de faire pénétrer dans la brave Lorraine les dentelles métalliques dont la grasse et opulente Normandie se fait un titre de gloire; cette tentative n'est pas heureuse. — M. Popelin-Ducarre a une riche exposition; sa tunique brodée dont la garniture, imitation de dentelle, a été faite, ainsi que le picot, dans la mousseline même; c'est ce que nous préférons entre toutes les jolies choses qu'il étale. — MM. Bertrand et Vidal, de *Nancy*, ont envoyé un paravent en pou de soie brodé; le point est parfaitement régulier, mais les teintes différentes sont juxta-posées et non pas fondues, aussi ne peut-on pas dire que ce soit nuancé. — La robe exposée par M. Draps a été brodée en vingt jours; le tout serait très-bien si le dessin mat eût été placé en guirlande au dessus de la broderie, qui est une imitation de dentelle à fils tirés.

—Mme Husson et ses sept filles, de *Nancy*, sont autant de fées auxquelles on doit une belle robe en point d'armes, un châle en mousseline à fils tirés, et plusieurs autres belles choses.— Mme Gravier Del Valle, M. Dreuille, M. Payan, M. Lannier, ont de véritables chefs-d'œuvre. Chez M. Payan se sont des mouchoirs de 600 fr. à 1,000 fr., des robes qui coûtent 5,000 fr. et se vendent 3,000; chez M. Lannier, une tunique au plumetis et un châle façon guipure vraiment admirable. — Tout cela est très-beau, sans doute; mais quelle récompense voulez-vous donner à des marchands dont tout le mérite est de savoir où demeure une malheureuse ouvrière qu'ils laissent sans ouvrage six mois de l'année, et paient à raison de 10 à 30 sous par jour pendant les six autres mois; demandez au livre de Parent-Duchâtelet comment elles vivent le reste du temps.

M. Ch. Bourdon, de *Caen*, ne s'est pas laissé entraîner par la manie du jour; il n'a exposé des échantillons de dentelle métallique que pour montrer qu'il savait en faire comme tout le monde; mais il s'est adonné surtout au véritable article de Caen, les blondes et dentelles. Tout ce qu'il a envoyé est d'un goût et d'un travail parfaits. — Mlle Villaine, de *Caen*, a une fort belle dentelle en application d'Angleterre. — On nous a assuré que les broderies en paille de Mlle Beauvais produisaient un grand effet aux lumières; nous ne les aimons pas plus que si elles étaient faites avec l'or qu'elles veulent imiter. —M. Bémy, qui termine la galerie des dentelles et blondes, a exposé de fort jolies mousselines peintes au naturel : c'est fort joli, mais comment lave-t-on cela ?

CINQUIÈME DIVISION.

PRODUITS ET ARTS DIVERS.

§-1er. GLACES, CRISTAUX, VERRERIE, VITRAUX.

En 1834, à l'époque de l'enquête, on comptait en France deux cents établissements de verreries et cristalleries, dont trente-neuf ne travaillaient pas. Les cent-soixante-un en activité occupaient 9,986 ouvriers et consommaient 314,860 quint. mét. de houille ou lignite, 225,770 stères de bois et 10,334 fagots; la valeur approximative de leurs produits s'élevait à 23,571,100 fr. Depuis cinq ans cette industrie a pris encore de grands développements, surtout sous le rapport de la perfection des produits et de la modicité des prix, qui permettent de livrer maintenant à la consommation des quantités beaucoup plus considérables qu'alors, bien que la valeur totale soit peut-être demeurée la même.

Les glaces que nos deux grandes manufactures, de Saint-Gobain et de Saint-Quirin avaient envoyées en 1834 étaient trop parfaites pour qu'il fût possible de rien montrer de mieux cette année, les dimensions même sont moins grandes (1); mais ce sont les prix qui ont subi de notables diminutions et répandu de plus en plus l'usage

---

(1) En 1834, la glace de St-Lobain portait 4 m. 14 c. sur 2 m. 52 c.
En 1839, *id* n'a que 3 — 63 — 2 — 16
En 1834, la glace de St-Quirin portait 4 — 06 — 2 — 65 —
En 1839, *id* n'a que 3 — 99 — 2 — 67 —
Toutes ces glaces étaient irréprochables, on remarquait seulement dans l'un des angles supérieurs de la dernière, un manque de matière qui causait une grande inégalité d'épaisseur.

de cette espèce de produits. Notre supériorité pour cet article est maintenant établie d'une manière solide ; nous faisons mieux que nos rivaux d'Allemagne les glaces et les verres à estampes, et nous ne vendons que 10 fr. ce qui en coûte 16 dans ce pays, qui en est venu maintenant à se fournir chez nous de certains produits qu'il désespère de faire aussi bien ; Saint-Gobain, par exemple, avait exposé une glace de verre, de sept lignes d'épaisseur, commandée par le roi de Bavière.

Nos cristalleries proprement dites ont tout à la fois perfectionné leur fabrication et diminué leurs prix de ventes. Sous le rapport de la blancheur, de la pureté et du poids, nos cristaux sont admirables, l'art de la taille déjà si avancé améliore encore cependant ses procédés et son goût ; mais ce qui fixe surtout l'attention, ce sont les progrès vraiment merveilleux du moulage qui s'applique maintenant avec un succès complet à des pièces auxquelles on avait pensé jusqu'ici qu'il ne pouvait convenir.

Le résultat de cette véritable révolution industrielle a été une baisse de prix qui varie depuis 15 jusqu'à 50 p. 100 sur les objets de l'usage le plus général; ce qui, en plaçant ces produits à la portée de toutes les fortunes, a déterminé un accroissement considérable dans leur consommation. Nous ajouterons toutefois que, quelle que soit l'importance de cette dernière, il serait possible de l'augmenter encore au moyen d'une réforme de douanes depuis long-temps réclamée et qui est d'autant plus juste et plus facile, qu'elle ne doit porter atteinte à aucun intérêt national. Cette réforme porte, ainsi qu'on l'a déjà prévu sans doute, sur les droits qui pèsent à l'entrée en France sur les matières premières nécessaires aux fabriques. Nous avons dit que cette réforme ne lésait aucun intérêt français ; personne en effet ne peut être admis à réclamer contre l'abolition du droit de 23 fr. 10 c. par quint. mét, sur la potasse que nous tirons d'Amérique, du droit de 770 sur le plomb, que nous tirons d'Espagne, d'Angleterre et d'Allemagne, puisque ces deux produits qui forment la base de la fabrication ne sont presqu'en aucun cas d'origine française.

La cristallerie de St-Louis, administrée par M. Seiliès, est la plus ancienne et l'une des plus considérables de France; elle emploie régulièrement 850 ouvriers et pendant plusieurs mois 400 bûcherons et hommes de peine. Les salaires qui ne s'élèvent pas à moins de 600,000 fr. par an se divisent individuellement depuis 1 fr. 50 c. jusqu'à 6 fr. par jour; une prime d'encouragement qui s'élève parfois jusqu'au tiers de la journée est en outre allouée aux ouvriers les plus habiles et les plus diligents. Nulle part on n'entoure les travailleurs de plus de sollicitude: outre le salaire dont nous venons de parler, on distribue encore à chacun d'eux, et à titre gratuit, un logement sain et commode, avec écurie, cave, grenier, jardin, prairie et terres; un médecin dans les cas de maladie, un instituteur et une sœur d'école pour les enfants; enfin des secours aux veuves et des traitements de réforme aux infirmes et aux vieillards, dont pas un ne reçoit moins de 300 fr. par an. On conçoit facilement que des ouvriers pour lesquels on réunit tant de conditions de bien être s'attachent à ceux qui les leur procurent et les aident de toutes les forces de leur intelligence à perfectionner les produits de leur industrie; il ne faut donc pas s'étonner si l'exposition de St-Louis offrait sous la forme la plus simple les choses les plus nouvelles, les plus difficiles, les plus parfaites et aux prix les plus modiques. — Les cristaux de Bohême, dont on s'est engoué depuis quelque temps et que la mode abandonnera avant peu, se doublaient en deux couleurs; St-Louis en a envoyé qui sont doublées en quatres couleurs avec médaillons dorés et argentés. Un grand guéridon de trente pouces de diamètre, avec son pied ou balustre; deux grands vases tulipe, des verres d'eaux, des verres à pied, etc., sont doublés en bleu, en vert, en rose, puis gravés et taillés avec un goût infiniment plus pur que celui des verres de Bohême, et ils ne coûtent pas plus cher. Mais ce qui est d'un usage beaucoup plus considérable, ce sont d'abord les cristaux blancs unis, les carafes et gobelets moulés à côtes plates avec des arêtes aussi vives que si elles étaient taillées; puis des cristaux teints dans la masse avec des oxydes métalliques, les uns noirs pour garniture de cheminée de deuil, demandés par l'Angleterre; d'autres jaunes pour les campagnes, quelques uns rouges, puis des verts, des jaspés, etc.; et tout cela sous des formes différentes, des coupes, des vides-poches, des cachets, des flacons, des plaques de porte, etc., toujours gracieux, jolis et à bon marché.

M. GODARD, de *Baccarat*, est, à en juger par ses produits, un manufacturier de premier ordre sur le compte duquel nous regrettons de n'avoir pu nous procurer de renseignements spéciaux. Ses cristaux, imitation de Bohême, surpassent leurs modèles; les articles de lustrerie sont également plus beaux que ceux que la contrebande va nous chercher en Allemagne; mais ils coûtent de 20 à 30 fr. le 100, et ceux-ci de 80 c. à 6 fr. seulement. Quant aux cristeaux blancs, il nous ont paru assez beaux pour se passer facilement des ornements en bronze doré dont on a cru devoir les accompagner. Cette garniture peut plaire au public, mais l'observateur sérieux préférerait qu'elle fût supprimée, afin de pouvoir apprécier d'une manière plus exacte la valeur spéciale de l'objet exposé, qui est ici le cristal. Quant aux prix, nous ne pouvons établir aucune comparaison entre Baccarat et St-Louis, puisque ces deux fabriques se sont soumises à la loi d'un même tarif; il nous a semblé seulement que, si les produits de la première étaient plus ornés et aussi purs, ceux de la seconde étaient plus variés et renfermaient des pièces, notamment le guéridon, d'une exécution beaucoup plus difficile.

Au reste, si la cristallerie a fait de grands progrès depuis cinq ans, la verrerie fine a marché plus vite encore, puisqu'elle est arrivée à combler presque complètement la distance qui sépare le verre du cristal. La fabrique de *Plaine de Walsh*, qui a été la première à fabriquer des verres doublés, imitation de Bohême, les fait toujours avec une grande perfection ; elle se distingue surtout par la taille, qui est du meilleur goût et d'une excellente exécution. Un plateau doublé en rouge et dans le doublage duquel on a taillé jusqu'au blanc une guirlande de vigne et une étoile à mille pointes, est surtout très-remarquable ; une assiette montée à quatre degrés et une grande coupe reposant sur un pied en bronze, sont aussi fort belles. Les produits courants de Plaine de Walsh ne sont pas moins soignés que ses produits de luxe. M. Clément Désormes avait dit dans l'enquête de 1834 que bientôt il n'y aurait plus de différence entre la verrerie de première et celle de seconde sorte ; ceux qui ont vu l'exposition de Plaine de Walsh témoigneront qu'il n'existe à l'œil aucune différence entre le verre et le cristal : le poids seul les distingue. Les chimistes ont encore remarqué parmi les produits de cette maison des capsules, cornues et tubes qui leur ont paru pouvoir remplacer avantageusement ceux qu'ils étaient obligés de faire venir de l'étranger.

L'ancienne fabrique de *Choisy-le-Roy*, aujourd'hui dirigée par M. Bontemps, s'est relevée sous cet habile industriel de la décadence où elle était tombée un instant. M. Bontemps n'expose pas moins de cinq natures de produits différents, dont il a personnellement amélioré la fabrication. Ce sont : 1° des verres à vitres, blancs et colorés, dont les prix ont baissé de 20 p. 100 depuis 5 ans,

par suite d'une meilleure construction des fours; la consommation de grands verres épais pour vitrage de bou-
tique s'est aussi beaucoup accrue par suite de la possibilité de souffler des feuilles de grande dimension bien
planes, en 2 et 4 millimètres d'épaisseur; 2° des verres
bombés, dits cylindres ronds, ovales et carrés, dont les
prix ont diminué de 25 à 40 p. 100; 3° des cristaux
blancs, principalement pour l'éclairage, tels que globes,
cheminée, verrière pour les colonies, etc., des cristaux
colorés, doublés et non doublés, enfin des pièces fili-
granées à l'instar de Venise; 4° des verres d'optique
adoptés par la commission des phares, et des flint-glass
et crown-glass pour les lunettes et les longues vues,
entièrement purs de bulles et stries; 5° des vitraux.
M. Bontemps est véritablement le restaurateur de l'art
des vitraux peints en France. Il n'est produit si parfait
des anciens ou des maîtres de Sèvres, que Choisy-le-Roy
n'imite ou ne surpasse aujourd'hui. Les directeurs de
cette industrie toute artistique, M. Bontemps et ses seconds, MM. Fiès et Jhon, sont profondément versés
dans l'étude de l'art gothique dont ils connaissent tous
les secrets, toutes les exigences. Les vitraux qu'ils ont
exécutés pour Saint-Denis, sur les cartons de M. Debret,
les deux évangélistes qu'ils ont exposés, ainsi que le petit
tableau de la Circoncision, d'après Goltzius, prouvent
assez qu'ils connaissent tous les âges de la peinture sur
verre et le caractère spécial de ceux qui s'y sont distingués. Ajoutons que tous ces produits, si parfaits comme
art, ont aussi beaucoup de valeur considérés seulement
sous le rapport commercial. Outre la vente des verres
colorés aux peintres de vitraux, qui est assez forte, Choisy
place beaucoup de vitraux exécutés par ses artistes, et
dont les prix varient depuis 1 fr. le pied carré pour les
bordures, et 6 fr. pour les vitraux, jusqu'à 50 et 60 fr.,
suivant les âges et les dessins. — Parmi les autres expo-

sants qui avaient envoyé des produits du même genre que Choisy, nous avons particulièrement remarqué une vierge d'après Raphaël, peinte sur verre par MM. Mar-chal et Gugnon, de *Metz*.

Il y a un demi-siècle environ, tous les verres de montre et de pendule nous venaient d'Angleterre, lorsque la fabrique de Goëtzenbruck (Moselle) entreprit de produire cet article, qu'elle fit bientôt avec assez de perfection pour s'assurer auprès des acheteurs français une préfé-rence qui ne tarda pas à faire cesser complètement les importations de l'étranger. Une seule espèce de verre nous vînt encore du dehors pendant quelques années, ce furent les verres plats, dits *chevés*, que la Suisse con-serva le privilége de nous fournir jusqu'à une époque as-sez rapprochée de nous, dix à quinze ans au plus, que MM. Burgun Walet, Berger, et comp., propriétaires de Goëtzenbruck, se livrèrent à cette nouvelle fabrication et parvinrent à faire non seulement aussi bien que Gé-nève, mais encore à un prix infiniment moindre, puisque les verres chevés qui, avant cette concurrence natio-nale, se vendaient en gros quatre à cinq francs la pièce, se divrent aujourd'hui au commerce pour vingt-deux centimes en première qualité, dix-huit en seconde et moins de onze en troisième; c'est là un progrès d'autant plus honorable pour cette industrie, qu'il s'est accompli sous l'empire d'une liberté commerciale presque absolue, en dehors de toute protection de tarifs : le droit qui pèse sur les verres de montre n'étant que de 10 p. 100 à la valeur.

§ 2. — PORCELAINES ET POTERIES.

Les progrès obtenus depuis cinq ans dans l'art créé par Bernard de Palissy, l'illustre céramiste, méritent une mention particulière. — M. Discry, de *Paris*, va aujourd'hui plus loin que Sèvres même, pour la décoration des porcelaines avec des couleurs au grand feu, appliquées par immersion et dans lesquelles il fait à volonté des réserves blanches qui restent en cet état ou reçoivent de nouvelles décorations. La dernière et si riche exposition de Sèvres ne nous avait montré que des porcelaines au grand feu décorées pleines ; le procédé de réserve dont M. Discry a exposé les résultats est donc une nouvelle découverte, d'autant plus précieuse qu'elle permet d'obtenir des décors aussi riches que par le procédé ancien, tout en présentant sur celui-ci de très-grandes économies. — MM. PLANTIER et BOUCOIRAND, de *Nîmes*, et M. PAILLIET, d'*Orléans*, s'appliquent moins à produire pour les classes riches qu'à satisfaire aux besoins des consommateurs les plus nombreux et les plus pauvres ; l'extrême modicité de leurs prix et la bonne fabrication de leurs produits, méritent toute sorte d'encouragements. — M. UTSCHNEIDER, de *Sarreguemines*, est toujours digne des hautes récompenses qu'il obtint dès nos premières expositions ; ses grès cérames sont de plus en plus jolis, et leurs prix diminuent tous les jours. — Les vases étrusques, les coupes, etc., en terre rouge, imitation d'Herculanum, font beaucoup d'honneur à M. TOUCHARD, de *Paris*, qui les a exposés. — M. DECAEN a envoyé de ses fabriques d'*Arboras* et de *Grigny*, de belles porcelaines de service à bon marché, et de délicieux vases ornés et corbeilles à jour, en porcelaine de décors ; rien n'est plus gracieux, mieux fouillé et de meilleur goût. — La grande fabrique de Montereau a exposé des produits parfaitement fabriqués et dont les prix sont 10 à 30 p. 100 au dessous de ceux de 1834. — Le brûle-parfum de M. JACOB PETIT présente quelques jolis détails, mais la composition générale en est mauvaise. — M. DUPUY, de *Charenton*, a été plus heureux dans sa grande corbeille à jour non décorée ; le modèle est d'un bon goût, et le calcul du retrait à la cuisson a été assez exactement fait pour que l'exécution soit irréprochable. — MM. Michel et Valin représentent seuls la fabrique si importante de Limoges ; leurs porcelaines sont bien faites, leurs formes en sont parfois heureuses. — Mad. Langlois, de *Bayeux*, n'expose que des instruments de chimie, capsules, cornues, bains, tubes, etc.; c'est bien, mais ce n'est pas assez pour juger complètement de l'état de l'industrie dans cette ville. — M. Louault, de *Villedieu*, a envoyé deux beaux vases d'un excellent modèle, qui lui font honneur ainsi qu'à M. Marielle qui les a décorés d'une copie des moissonneurs et des vendangeurs de L. Robert. — M. David Johnston, de *Bordeaux*, a établi dans cette ville, dont chaque jour l'importance maritime décroît, une fabrique de porcelaine et faïence dure qui occupe déjà un grand nombre d'ouvriers. Les produits de M. Johnston sont d'une excellente fabrication, les formes sont convenables, et le procédé de décalquage lithographique qu'il emploie donne des résultats parfaits. Il serait à désirer que tous nos fabricants suivissent les exemples de M. Johnston, tant à l'égard de leurs ouvriers que sous le rapport purement industriel.

§ 3. — PAPIERS BLANCS ET PAPIERS PEINTS.

La fabrication du papier doit tous ses progrès à l'invention et au perfectionnement des machines. Il y a peu de temps encore on ne satinait les feuilles que d'un côté, de telle sorte que le revers était rugueux, couvert de poils et qu'il était très-difficile de s'en servir. Cet inconvénient n'existe plus aujourd'hui, puisque, ainsi que nous l'avons dit en nous occupant des machines, celles-ci satinent le papier à l'envers et à l'endroit. Des deux machines exposées, celle de M. Kœchlin est, suivant d'habiles fabricants, supérieure pour toute la partie du satinage; mais celle de M. Chapel, que nous avions jugée d'abord avec quelque sévérité, lui serait préférable sous le rapport du battage et mélange de la pâte, point essensiel duquel dépend la parfaite régularité du papier.

La maison Montgolfier a un nom trop connu pour qu'il soit nécessaire de rappeler son origine; elle se distingue surtout par ses papiers de couleur pour couvertures de livres. — M_e veuve Bécoulet, d'*Arcier* (Doubs), a fait de notables progrès depuis 1834, tant pour la fabrication que pour les prix. — MM. Lacroix frères et Goeury, d'*Angoulême*, se distinguent parmi nos premiers fabricants pour la bonne qualité et le parfait satinage de leurs papiers à lettres et à écolier; leurs papiers de couleur et leur pelure sont également très-bien. Ces messieurs se servent avec avantage des toiles métalliques de MM. Delaage frères, de *La Couronne*, près Angoulême, qui rivalisent aussi bien avec les Anglais qu'avec M. Roswag, dont nous avons déjà parlé; nous avions omis de mentionner ces messieurs dans la section des outils et machines; nous sommes heureux de pouvoir leur rendre ici la justice qu'ils méritent. — M. Durandeau-Lacombe, d'Angoulême, a envoyé de très-beaux papiers écolier et à lettres, bien satinés; les papiers à lettres de M. Durandeau n'ont qu'un défaut, celui d'être trop lourds, ce qui empêche de s'en servir pour les correspondances, sous peine de payer double la taxe des lettres déjà si élevée. Plusieurs feuilles de papier exposées par M. Durandeau portaient un filigrane chimique et lithographique découvert par M. Chatenet, et qui nous a paru appelé à rendre des services à la fabrication des papiers mécaniques. — MM. Breton et comp., de *Grenoble*, sont des industriels fort ingénieux dont les nombreux travaux méritent d'être encouragés. Leurs produits sont surtout remarquables par la modicité des prix; leur essai de papier de Chine n'est pas encore décisif; il promet cependant beaucoup. — Écharcon, la grande, la belle et ruineuse fabrique, persévère dans son système d'expériences coûteuses; ses échantillons de papier pour décalquage de lithographie sur porcelaine sont d'un prix fort élevé.—La fabrication des établissements du Marais est toujours bien soutenue; il en est de même de la papeterie d'*Essonne*, dont M. Menet est le directeur. — Les papiers de couleur de M. Tavernier-Obry, de *Prouzel* (Somme), sont passés et leurs prix trop élevés. — Les papiers goudronnés de M. L. Cardon, à *Buges*, près Montargis, sont très-inégaux, leur odeur est aussi trop forte. — M. Kiéner, de *Colmar*, a envoyé de bons papiers de qualité ordinaire, qui sont très-bien pour le prix. — MM. Blanchet et Kléber, de *Rives*; Laroche-Duchez et Lejeune, de *Saint-Michel*, Callaud Belisle, d'*Augoulême*, conservent, en l'augmentant chaque jour, la renommée de bons fabricants qu'ils ont précédemment acquise.

Parmi les marchands de papier de Paris qui ont été admis à l'exposition, deux surtout se distinguent par le goût avec lequel ils font orner de délicieux papiers à lettres, couverts d'encadrements et de vignettes dus à nos plus ingénieux artistes. M. Chaulin, papetier du roi, qui exploite ce genre avec M. Marion, se recommande en outre par un écritoire syphoïde de nouvelle invention, qui conserve l'encre toujours fraîche et liquide; sous les mille formes gracieuses que M. Chaulin sait lui donner, l'encrier syphoïde est un meuble de bureau aussi élégant qu'utile.

Un des abus les plus déplorables qui soient nés de l'exposition, c'est l'invasion des marchands qui sont venus prendre la place des fabricants. Déjà dans plusieurs parties de cette revue, nous avons signalé les prétentions vraiment incroyables de ces messieurs, qui s'en vont, les uns refusant de vendre les produits de tel ou tel fabricant, les autres prélevant des courtages de 20 à 150 pour 100 ; ceux-ci s'opposant à une indication éxacte des prix, ceux-là remplissant toutes les cases d'écritaux plus ou moins dorés, indiquant que tel article est commandé, retenu ou acheté par leurs maisons ; la galerie des tissus nous a offert le scandale de marchands en détail, exposant sous leur nom des produits qu'ils n'ont eu que la peine d'acheter en fabrique ; le même fait se reproduit avec les mêmes caractères pour l'industrie des papiers peints. Aussi, dans la crainte de servir une usurpation industrielle de cette nature allons-nous, dans ce qui va suivre, nous borner à mentionner les maisons vraiment productrices et que nous connaissons pour telles. — Les dessins de la grande tenture de MM. Cartulat Simon est lourd, mais les effets d'or sont parfaitement rendus et ont tout le relief désirable. — Les teintes pâles des panneaux, genre camayeux, exposées par M. J. Zuber, ont dû être difficiles à obtenir, elles sont parfaitement réussies ; les or laissent encore à désirer. — Le papier doublé d'étain de M. Clancau est un de ces produits que MM. les marchands se refusent à vendre ; il est cependant d'une haute utilité pour tous les lieux humides, et ne coûte guère plus que le papier ordinaire ; mais, que voulez-vous, ces messieurs ont peur du progrès, et la peur est une maladie dont on ne guérit pas. — M. Giraut de Saint-Fargeau a exposé des papiers peints à l'huile pour salles à manger, antichambres, etc. ; c'est moins joli et plus cher que les papiers étamés de M. Clancau, mais aussi n'est-ce encore qu'une idée susceptible de grandes améliorations. — M. Délicourt, qui s'est initié chez Me Mader et chez M. Zuber aux secrets de la bonne fabrication, se montre si digne élève de ses excellents maîtres, qu'aujourd'hui il les dépasse sur certains points et les égale sous tous les autres rapports ; son grand décor à médaillons mobiles et ses imitations d'aqua-tinte, sont de magnifiques produits d'une rare perfection et semblables en tout à ce que ce fabricant livre chaque jour au commerce. — La maison V° MADER ET FILS conserve son ancienne réputation ; c'est toujours la même entente de l'ensemble, le même soin des détails. S'il n'y a là rien de neuf et d'important, c'est qu'il en est de même partout dans cette industrie ; mais du moins est-ce toujours au courant de toutes les améliorations, toujours de pair avec les premiers et les plus habiles.

§ 4. — OBJETS D'ART.

Bronzes. — L'industrie des bronzes est toujours dans la même immobilité. Notre grand artiste, Chenavard, lui avait fait faire un pas en lui ouvrant les archives de la renaissance ; lui mort, on reste là, et sans songer à aller plus loin on se borne à copier, en les mutilant avec plus ou moins de maladresse, les chefs-d'œuvre anciens. D'où vient cela ? De ce que nos artistes qui n'ont pas assez de talent pour se distinguer dans la sculpture, et qui d'ailleurs y mourraient de faim, aujourd'hui qu'il n'y a plus personne pour apprécier et acheter les œuvres de la statuaire, ont trop d'orgueil pour se vouer aux travaux de l'industrie qui conduisent à une médiocre aisance et non point à la gloire ni à la fortune. C'est là un défaut d'esprit dont nos artistes dessinateurs commencent à se corriger, mais, et l'exposition l'a bien prouvé, leur sage réforme n'a pas encore pénétré parmi les sculpteurs, ce qui explique pourquoi nos bronzes de 1839 étaient, comme forme, si peu en progrès, sur 1834. Nous disons comme forme, car, sous tous les autres rapports, sous le côté matériel de l'art, les procédés et les hommes se sont merveilleusement perfectionnés. Jamais, par exemple, aucun maître, à aucune époque n'a eu d'interprètres aussi habiles que M. RICHARD le fondeur, que M. ECK, le ciseleur. Entre eux, c'est vraiment à qui effacera l'autre. Lorsque Richard fond, il est bien rare que Eck ait besoin de réparer ou de retoucher, car la pièce brute est d'elle-même un chef-d'œuvre ; mais si après la fonte vous voulez des ciselures, alors adressez-vous à Eck et bientôt sous ses doigts vous verrez la matière changer de forme et de valeur, ce ne sera plus du bronze, mais de la dentelle et des broderies, des fleurs, des feuilles, des animaux et des fruits ; ce ne sera plus du cuivre, mais de l'or ou du diamant : demandez, et son burin ne restera jamais au dessous de votre imagination. — Avec Richard et Eck, qui ont fondu les portes de la Madelaine, les vases de Triquety et la meilleure épreuve de la réduction de la Vénus de Milo, il faut citer M. Soyez, le patriarche du bronze, en tout digne de sa bonne réputation, que la statue de Carrel et la colonne de juillet, l'Emmanuel Philibert de Marocchetti, viennent rehausser encore. — M. Ravrio, qui, se reposant un peu trop sur l'ancienne réputation de sa maison, n'a produit qu'un buste du roi ; enfin M. Quesnel qui fond les délicieuses statues du Duret.

C'est seulement dans cette partie de l'art du Bronze, dont nous venons de nommer les premiers représentants, que des progrès ont été obtenus, quant au fabricant de bronze proprement dit il est resté à la même place ; les modèles qui, sans être de lui, prouvent du moins en faveur de son goût puisqu'il les choisit, ne se recommandent par rien de neuf ni de grand, de riche ou d'original ; c'est partout un éblouissant étalage de dorure de toutes les couleurs, un clinquant qui fait mal aux yeux. Quand donc reviendrons-nous au vrai bronze, de couleur naturelle, dans lequel l'or n'entre plus que pour des ornements légers et non pas pour des pièces entières ? Oui, MM. Denière, Thomire, Viteau, etc., vous avez des surtouts, des coupes, des candelabres, des lustres, des pendules etc., qui vous placent au premier rang de votre indus-

trie, mais au fond vous n'avez rien modifié, rien amélioré; permettez-nous donc de vous ajourner à cinq
ans et de ne parler, en fait de bronze, que d'un nouveau
procédé de dorure sans mercure, sur lequel vous avez
émis, nous le savons, des opinions remplies de dédain
et accompagnées de sarcasmes; que vous avez fait exclure
du concours, et auquel nous attachons, nous, la plus
haute importance.

Depuis long-temps, en Angleterre et en France, les
savants et les industriels s'occupent de remplacer, pour
la dorure sur métaux, le mercure dont le prix est très-
élevé et l'emploi dangereux, par un corps, quelqu'il soit,
qui rende les mêmes services sans présenter les mêmes
inconvénients. Il y a déjà quelques années qu'on a découvert en France et en Angleterre un procédé, dit par
immersion, qui donne quelques résultats, mais ne résout
qu'une partie du problème. Non seulement par ce procédé, les pièces étant plongées dans la mixture absorbent
tant à l'extérieur qu'à l'intérieur et dans les dessous, une
quantité d'or trop considérable, puisque le dessus seul est
à dorer; mais, ce qui est plus grave, cette dorure, qui est
assez belle d'ailleurs, ne résiste pas à l'action de certains
acides qui noircissent au moins la pièce quand ils ne font
pas écailler et tomber la dorure. Ce sont ces divers inconvénients que M. Prud'homme, inventeur de la découverte suivant laquelle ont été dorés une partie des bronzes exposés par M. Grignon-Meusnier, est parvenu à
éviter. Par ce procédé, les pièces ne reçoivent l'or que
dans les parties qui en ont besoin, et, une fois passées au
feu et gratte-bossées, elles résistent à l'action des acides
les plus forts, non seulement aussi bien, mais mieux encore que la dorure au mercure. Nous avons vu à ce propos une expérience convaincante, et dont voici en peu de
mots le compte-rendu. Deux pièces semblables ayant été
préparées avec le même soin, ont reçu la même quantité

d'or, l'une par le procédé du mercure, l'autre par le procédé de M. Prud'homme; la dorure une fois terminée, les
deux pièces ont été plongées dans l'eau forte de touche
(acide nitrique concentré); la première retirée, au bout
de trois minutes, était presque complètement dédorée,
elle avait été préparée au mercure; la seconde n'a été
sortie du bain qu'après dix minutes d'épreuve, elle est
revenue après le gratte-bossage plus belle qu'avant l'expérience. Voilà ce que nous, dixième, avons vu et ce qui
nous donne la conviction, malgré toute assertion contraire, que cette découverte est bonne et donnera tout à
la fois d'excellents résultats hygiéniques et économiques.

Orfèvrerie. Le grand maître de l'orfèvrerie au dix-
neuvième siècle, c'est M. Wagner ; sa grande aiguière
allégorique, sa couverture de Missel, ses vases bizantins,
son ostensoir, sont d'admirables chefs-d'œuvre; au moins
y a-t-il là des idées, de la composition, et si l'exécution
manque quelquefois, si tant de nielles et d'émaux accu-
mulés semblent de la porcelaine décorée, si les repoussés
manquent de relief, on n'en saisit pas moins la pensée
de l'artiste, pensée toujours vraie, toujours élevée, toujours poétique. — M. Marelle expose des vases du 16ᵉ
siècle qui l'honorent comme exécutant habile ; il y a une
extrême délicatesse dans sa petite aiguière or et émail ;
le vase à boire n'est pas aussi pur de forme, mais en
revanche la coupe Cellini est parfaite et délicieuse. — M.
Durand, élève d'Odiot, est orfèvre, mais non pas artiste.
Son grand thé est de bonne fabrique, mais de mauvaise
composition ; les pièces détachées présentent de jolis
détails ; mais l'ensemble est lourd et disgracieux. — M.
Lefèvre, M. Lenglet et *tutti quanti* ne sont encore que
des fabricants et non plus des artistes ; leurs produits se
vendent bien, mais n'ont aucune valeur comme invention
de formes. Parmi tous les orfèvres dont nous avons
examiné les produits, nous n'avons retrouvé le feu sacré

que chez un seul, M. FROMENT-MEURICE, qui, alliant avec bonheur l'art et l'industrie, nous présente des couverts ornés de jolis dessins, de festons légers et gracieux, qu'il ne vend presque pas plus cher que s'ils étaient unis ; ses grands plateaux de soirée sont fabriqués par le même procédé, et offrent pour des prix très-modiques le même aspect que des plateaux ciselés à grands frais par nos premiers artistes. M. Froment a exposé en outre les pièces principales d'un service à thé composé par lui ; les formes en sont charmantes et le dessin des ciselures merveilleusement léger et fin ; les bijoux du même fabricant, également modelés par lui et ciselés par Eck, sont de la meilleure école ; nous aimons vraiment mieux comme art une épreuve en bronze des bagues et broches de M. Froment que maint bijoux de l'exposition, d'ailleurs fort riches par les pierres dont ils sont ornés, mais détestables du reste ou tout au moins insignifiants comme dessin et comme modelé.

Le plaqué, qui se rapproche de l'orfèvrerie par l'enveloppe extérieure, est toujours misérable comme art ; il n'en est pas de même comme industrie. Sous ce rapport, les progrès dus en grande partie à M. GANDAIS sont nombreux, et les produits de plus en plus remarquables. MM. PARQUIN et BALEINE sont, avec M. Gandais, que nous regardons comme le plus habile, les principaux fabricants de plaqué.

MEUBLES. — Citer tous les meubles remarquables serait s'embarquer dans une opération bien longue et bien difficile ; disons seulement que nos artistes en ébénisterie, les Barbier, les Jacob, les Jolly, les Bellanger, les Choumer, les Petit, Durand, Berg, Coulon, Meynard, Guyonnet, Drescher, Geisler, Bailly, Hoefer, Goudel, Albrecht, Werner, etc., se sont surpassés eux-mêmes en richesse et en élégance, mais semblent n'avoir travaillé que pour un peuple de millionnaires, tant il y a de secrétaires de mille écus, de bibliothèques de 10,000 fr., (qui, pour le dire en passant, ne renfermeraient pas 500 volumes); tant on a prodigué les incrustations et l'or et l'argent, le cuivre et l'étain, l'écaille et l'ivoire ; tant on a fouillé, taillé, sculpté le chêne, l'ébène, le palissandre, l'acajou, le courbarine, etc. Honneur au moins à M. BAUDRY et à M. BONNIE, qui ont calculé toutes les petites misères de notre luxe, qui nous ont si bien dissimulé un lit dans un divan , une toilette , une commode ou une armoire à glace ; qui nous ont fait des lits doubles et triples qui ne tiennent que la place d'un seul et ne coûtent que 150 à 200 francs : c'est vraiment merveilleux de commodité et d'économie. — Beaucoup de billards encombraient l'exposition, plusieurs étaient mal , quelques uns bien , et un entre autres fort remarquable : c'est celui à 12 pieds , de M. COLSON.

Armes. Les nombreux amateurs de chasse se pressaient autour des fusils à système de LEPAGE , de MICHEL , de LEFAUCHEUX , de BÉRINGER. Les armes de ce dernier attiraient surtout l'attention , tant par leur excellente confection que par les ingénieuses combinaisons au moyen desquelles les pièces du fusil étant réduites à leur plus grande simplicité , arrivent à fournir un service toujours régulier qui assure le coup , prévient le recul et rend le crachement impossible. M. Béringer est en outre inventeur du système de cartouches métalliques à culot-capsule, que les premiers d'entre ses confrères ont adopté d'après lui, et dont les chasseurs ont tant à se louer.

Instruments de musique. De notables améliorations ont été apportées dans la construction des instruments de musique , et notamment des orgues et pianos. MM. DAUBLAINE, JOHN ABBEY, LÉTÉ, CAVAILLÉ ET COLL ont perfectionné avec bonheur les orgues d'église; ils en ont assuré le jeu et augmenté les ressources ; les prix ont en même temps subi une assez forte réduction. — M. l'abbé LAR-

ROQUE a rendu un immense service à l'industrie, aux églises de campagne et à l'art musical, par l'invention de son orgue *milacor* sur lequel tout le monde peut jouer, après une heure d'étude, aussi bien que le plus grand maître du conservatoire. — Dans les instruments de salon, M. ÉRARD est toujours le premier fabricant de harpes et pianos ; nous ne savons trop ce qu'il serait possible d'ajouter maintenant à ce que cet habile et généreux artiste est parvenu à faire. — M. PAPE marche également sur la première ligne ; ce fabricant s'est surtout appliqué à disposer ses instruments de manière à ce qu'ils puissent trouver dans tous les appartements une place suffisante et commode. Il y a des pianos-console, des pianos-guéridon, pianos-carrés, pianos-droits, pianos à queue, etc. L'ébénisterie en est fort remarquable. — Parmi le nombre considérable des autres exposants de pianos, nous avons particulièrement remarqué les produits de MM. WOLFEL et LAURENT, qui se distinguent par leurs excellentes qualités en même temps que par la grande modicité de leurs prix. Ces messieurs sont parvenus, d'une part, à obtenir par des moyens économiques, la répétition de la note dans les trilles et cadences rapides, effet auquel le double échappement d'Érard n'arrive qu'au moyen d'un prix élevé et d'un mécanisme compliqué qui ne peut s'introduire dans les pianos ordinaires ; d'une autre part, à une résistance moelleuse, uniforme et calculée de la touche sous les doigts de l'exécutant, obtenue au moyen de ressorts qui permettent de nuancer le jeu sans efforts violents ; enfin, à une ampleur et une pureté de son, résultant d'une nouvelle disposition de la table d'harmonie et de ses rapports avec les cordes, établie suivant les lois posées par MM. Savart et Biot, sur la vibration des cordes et corps rigides. Ces différentes améliorations, basées ainsi sur les lois de la mécanique et de la physique, ont pour effet de soustraire aux caprices du hasard la qualité d'instruments d'un usage aussi général, et dont la perfection est désormais garantie et assurée d'une manière mathématique par les beaux travaux de MM. Wolfel et Laurent. — Dans la construction des instruments à cordes, M. Vuilliaume ne se distingue pas moins par la modération de ses prix que par ses excellentes imitations des meilleurs maîtres en luthiers d'Italie. — Parmi les instruments à vent, nous avons remarqué un nouveau système de clés de flûte de M. Buffet, et diverses améliorations au même instrument par MM. Tulou, Cœur, Godefroi. — Plusieurs changements utiles ont été faits au cornet à piston par M. Courtois.

Instruments de précision. — L'optique réclame les noms des Lerebours, des Chevalier, des Deleuil; — l'horlorgerie de précision, ceux des Motel, des Bourdin, des Lepaute, des Wagner; — l'horlogerie courante, ceux des Leroy, des Pons-de-Paul; — la mécanique, ceux des Ém. Grimpé, des Collas et Barbedienne, des Gavard, etc.

§ 5. Objets divers.

Cuirs. — L'art du tanneur, du mégissier et du maroquinier a fait de grands progrès depuis dix ans ; d'assez nombreux échantillons de ces industries avaient été admis à l'exposition, mais placés de telle sorte, à 20 pieds au dessus du sol, qu'il était complètement impossible de les examiner. A défaut de l'étude que nous n'avons pu faire là, nous avons cherché à la suppléer en visitant les fabriques et les dépôts, et en consultant des consommateurs éclairés : c'est sur ces données que nous nous appuyons en signalant comme de première distinction *les cuirs fendus* dans leur épaisseur, par un procédé dont M. Plummer, le très-habile directeur de la grande tannerie et corroierie de *Pontaudemer* est l'inventeur. La partie supérieure de ces cuirs est grenue et vernie pour être employée aux capottes de voiture; celle inférieure est d'un vernis lisse et brillant qui la rend propre à mille usages. Cette invention est un véritable service rendu à l'industrie; elle ajoute un titre de plus à tous ceux que M. PLUMMER avait déjà aux récompenses nationales. — Les maroquins sont toujours fabriqués avec une grande perfection par M. FAULER, de *Choisy,* à côté duquel viennent se placer MM. LANTZENBERG et Cie, de *Strasbourg;* EMMERICK et GEORGER, de la même ville. — M. NYS et Cie, de *Paris,* se font remarquer par leurs beaux cuirs vernis; — les chevreaux pour ganterie sont parfaitement fabriqués et teints en toutes nuances par MM. CRUEL TREMPÉ et BERNHEM, LALAGNER, DEGLESNE, LIOUD et Cie, etc.

Toiles cirées. — M. SEIB, de *Strasbourg,* a envoyé de nombreux et magnifiques échantillons de toiles cirées pour tables à manger, parquets, tour de billard, escalier, etc. Les toiles de M. JAVAL, pour coëffe de schackos, couvertures de giberne, etc., sont d'une souplesse et d'une solidité admirables; quels qu'aient été nos efforts pour écailler le vernis par la torsion la plus violente, ils sont demeurés infructueux.

Lithographie, Impression, Librairie. — MM. HOUEL et FRAGONARD, de *Paris,* ont envoyé de très-belles pierres lithographiques de grande dimension et d'un grain superbe; quelques pierres dessinées par d'habiles artistes montraient que la France n'était pas plus déshéritée de la nature sous ce rapport que sous tant d'autres. — M. DUPONT, de *Périgueux,* avait aussi envoyé de fort belles pierres, mais chez lui la chose importante c'est le procédé de transport sur pierres des anciennes gravures et impressions, procédé qu'il expose sous son nom et sous celui de son frère, et dont un certain nombre de leurs collègues leur contestent l'invention. Quoi qu'il en soit, les résultats obtenus par le procédé *exploité,* si l'on ne veut pas dire *découvert,* par MM. Dupont, sont parfaits, et les épreuves d'impressions du 4ᵉ siècle, de gravures d'après Raphaël, etc., sont irréprochables. — Au milieu des beaux monuments élevés à la gloire des lettres, par les Didot, les Pankouke, les Curmer, nous avons distingué les non moins belles publications de MM. Mathias et Lebouteillier, qui se recommandait plus particulièrement à notre attention par leur but industriel, sous le titre *de l'exposition.* M. Lebouteillier a entrepris de publier un journal qui donnât à ses abonnés, la plupart étrangers, la description et les dessins de tous nos chefs-d'œuvre industriels, notamment pour les arts de goût, tels que les bronzes, les meubles, la carrosserie, etc. M. Lebouteillier a déjà fait de grands sacrifices pour la publication de son journal; nous voudrions que le public auquel il s'adresse apprît à lui en savoir gré. Quant à M. Mathias, nous n'exprimerons pas le même vœu en sa faveur, car, sous ce rapport, justice lui a déjà été rendue. Il n'est pas en effet de maîtres de forges et d'ingénieurs qui ne connaissent le bel ouvrage de la métallurgie pratique du fer de MM. Walter et Leblanc, que cet éditeur a publié; et la collection de MM. Armengaud frères, intitulée: *Industrie des chemins de fer,* qui renferme les plans, dessins et descriptions de tous les travaux et machines nécessités pour la construction et le service des rails-ways. Ces deux grands ouvrages sont d'une exécution au dessus de tout éloge et ajoutent encore à l'excellente réputation de la librairie scientifique et industrielle du quai Malaquais.

SIXIÈME DIVISION.

RAPPELS ET RECTIFICATIONS.

Enfin nous voici arrivés à la fin de notre tâche, non pas que nous ayons tout dit, mais le temps, qui a été plus vite que nous, avait déjà passé sur les deux mois de l'exposition, que nous avons à peine eu celui d'étudier, mais non d'écrire; aujourd'hui que de ce magnifique temple élevé au travail, il ne reste plus qu'une immense barraque percée à jour, il est déjà tard pour rappeler ce qui fut : nous ne terminerons pas cependant notre très-rapide et très-incomplet examen sans combler quelques lacunes trop grandes, sans rectifier quelques erreurs que nous avons été assez heureux pour découvrir.

Et d'abord, à propos des métaux, nous avons vivement reproché à nos maîtres de forges de vendre leurs fers à trop haut prix; ce n'est pas là-dessus que nous nous sommes trompés; mais dans l'énumération des causes de cette chèreté, nous avons omis l'une des principales, l'insuffisance des voies de transport qui va chaque jour disparaissant, mais qui existe encore cependant ; cette cause, tout le monde la connaît, et nous sommes bien certains que nos lecteurs n'auront pas manqué de l'ajouter, mais comme nous ne voulons justifier aucune accusation d'ignorance ou de mauvaise foi, nous avons cru qu'il était de notre devoir de compléter par ces quelques mots nos observations sur la question des fers. — En parlant des beaux outils de M. Coulaux de Molsheim, nous avons regretté que cet habile fabricant ne comptât pas un plus grand nombre d'imitateurs; nous n'avions pas vu alors (c'était dans la première semaine de l'ouverture de l'exposition) les produits, fort mal placés, de M. GOLDENBERG, de *Zornhoff*. La grosse quincaillerie qui sort des établissements de ce grand industriel ne le cède en rien à ce que la France et l'Angleterre peuvent offrir de plus parfait. Des renseignements pris à bonne source, auprès des principaux commissionnaires de Paris, nous ont donné la conviction que M. Goldenberg ne craignait aucune concurrence française ou étrangère, sauf, à l'égard de celle-ci, la différence qui existe dans la valeur des matières premières. — Ce n'est encore que depuis la publication de notre chapitre sur les machines et métaux que nous avons aperçu et étudié les plaques de cardes de M. SCRIVE, de *Lille*, et les aiguilles de M. CADOU-TAILLEFER; le jury a trop bien réparé notre oubli pour que ces messieurs s'en soient aperçu, mais c'était un devoir pour nous de le faire, et nous nous en acquittons avec plaisir. — Parmi les machines exposées et que nous n'avions pas vues d'abord, il s'en trouvait une fort modeste et cependant fort utile : c'est un nouveau réfrigerant à serpentin plat pour la fabrication de la bierre; cet appareil dont M. DEBAUSSAUX est l'inventeur, a pour objet de prévenir la fermentation putride qui a lieu fréquemment dans les serpentins ronds qu'on ne pouvait nétoyer; par sa découverte, M. Debaussaux a rendu tout à la fois un service à l'industrie et à l'hygiène publique. — Il est encore une machine que nous avons vu fonctionner il y quelques jours seulement, et qui, si elle eût pu être terminée pour l'exposition, eût certainement attiré la foule et obtenu tous les suffrages : c'est la solution du fameux problème de l'application de la vapeur et de la mécanique aux travaux de terrassements des chemins de fer et des canaux : on nous permettra bien d'en dire quelques mots dans cet aperçu des progrès des arts industriels en 1839. On sait tout ce que les lenteurs et les exigences du travail à la main ont apporté d'entraves et de difficultés de toute nature, tant d'ordre, que de temps et de finances, à l'exécution des grands travaux d'utilité publique votés par les chambres : on sait que, faute de bras toutes les entreprises en activité se sont trouvées arrêtées, et que, par suite de l'élévation du prix des salaires résultant d'une plus forte demande d'ouvriers, tous les calculs se sont trouvés déçus, tous les devis insuffisants, et que, pendant ces périodes d'arrêt, les travaux commencés étaient envahis par les eaux qu'il n'était possible d'épuiser ensuite qu'avec beaucoup de temps, de maladies et d'énormes dépenses ; de telle sorte que l'argent des contribuables ou des actionnaires, au lieu de servir à rapprocher pour eux le moment de la jouissance, n'était employé qu'à maintenir les travaux en état d'inexécution. Jusqu'ici tous ces efforts tentés pour remédier à ces graves inconvénients avaient été vains, et la machine de M. Journet, qui ne sert que pour l'enlèvement des terres et non pour les piocher et les arracher, ne résolvait aucune difficulté sérieuse, puisqu'elle nécessitait toujours l'emploi d'un très-grand nombre d'hommes; c'est alors que M. Gervais, membre du conseil général des manufactures et l'un de nos premiers filateurs de Normandie, a inventé de toute pièce et fait établir le modèle du terrassier mécanique qui a fonctionné l'autre jour devant une commission de l'Académie des sciences. Des hommes spéciaux, des ingénieurs, des entrepreneurs et directeurs des travaux, ont visité cette machine, ils l'ont vue agir et ils ont constaté comme nous qu'en employant une force de 2 chev. 1/2 vap., elle creusait un canal de 2 m. 50 c. de largeur sur o, 70 c. de profondeur, avec une vitesse de 38 c. par minute; ce qui pour 24 heures donne 547 m. 20 c. de longueur de canal produisant à peu près 1,000 mètres cubes de terre piochée, chargée et régalée par moitié sur les deux berges ou entièrement sur l'une d'elles. Toutes les dépenses étant évaluées au plus haut, et les recettes diminuées en tenant compte de toutes les circonstances qui peuvent les affaiblir, l'emploi de cette machine, soit pour nivellements de terrains, fouilles, etc., pour chemins de fer ou canaux, présente sur le travail à la main, 1° une économie d'argent qui n'est jamais moindre de 40 p. o/o et peut-être de plus de 80 p. o/o, 2° une économie de temps qui prévient le travail des eaux et par suite les dépenses d'épuisement; 3° enfin une économie d'argent et de temps, puisque les travaux pouvant être terminés en un an au lieu de quatre ou cinq, on gagne les intérêts des capitaux pendant toute cette période, et l'on entre immédiatement en jouissance.

Il est bien entendu que la machine dont nous parlons n'est qu'un modèle d'essai construit pour les expériences, et qu'il sera toujours possible de disposer des machines pour les travaux de grande section et de grande profondeur. — Nous ne finirons pas le rappel du chapitre des machines sans restituer à qui de droit l'honneur de l'invention de la machine à peigner exposée par madame v$_e$ Collier. Cette machine n'est point, ainsi que nous l'avons dit par erreur page 48, d'importation anglaise; elle a été inventée en France et par un Français, M. GODART, mécanicien à Amiens, au nom duquel a été pris un brevet d'invention, cédé depuis à M. Collier, qui a perfectionné la machine et l'a exportée en Angleterre, où elle fut comprise et adoptée. Cette expérience était nécessaire, comme elle l'a été tant d'autres fois, pour que nos fabricants fussent bien sûrs du mérite de cette machine que M. Collier leur rapporta alors d'Angleterre (ce qui nous a fait dire qu'elle était d'importation anglaise), et qui vient de recevoir les derniers perfectionnements dont nous avons parlé précédemment. Depuis la cession faite à M. Collier, M. Godart, l'inventeur, est mort dans le besoin : et ce qui reste de sa famille, deux dames, sa femme et sa fille, ne doivent qu'à un travail pénible une existence que le génie du mécanicien picard aurait dû avoir la puissance de rendre, non plus honorable, mais plus douce et même plus brillante. En Angleterre, on a vu plusieurs fois des souscriptions publiques ouvertes au profit des descendants des hommes utiles à l'industrie ; les manufacturiers qui leur avaient dû leur fortune étaient les premiers à s'inscrire sur la liste : il serait beau à nos fabricants, qui vont si souvent chercher des modèles de l'autre côté du détroit, d'imiter d'aussi nobles exemples.

Quelques erreurs typographiques se sont glissées dans l'impression de notre travail, la plupart auront été sans doute rectifiées par le lecteur ; mais il en est une cependant qui pourrait lui avoir échappé et sur laquelle deux mots d'explication sont nécessaires. Nous avons dit, page 56 : « La ville de *Sommière* et ses environs fabriquent la bonneterie de laine dite de *Santerre*. Ici l'erreur était évidente, un de ces noms avait été mal imprimé, mais lequel changer ? Ceci était plus difficile. Voici la rectification telle qu'elle doit être faite. La ville de *Sommière* est dans le département du Gard et non pas de la Somme. Elle fabriquait autrefois des molletons, mais aujourd'hui cet article est tombé en partie et remplacé par les couvertures ; on y fait aussi quelque peu de bonneterie de laine, mais en petite quantité ; le grand centre de cette fabrication est *Santerre*, contrée de l'ancienne province de Picardie, qui comprend les villes de Péronne, Nesle, Roye et Montdidier ; la localité où se rencontrent les plus nombreuses et les plus importantes fabriques est Villers-Bertonneux, à 4 lieues d'Amiens, sur la route de Péronne. La bonneterie de Santerre, déjà considérable, lorsque Roland de la Platidu écrivait (Encyclopédie méthodique, 1783 ; — Manufactures et Arts, tome Ier, p. 16,

1re col.), n'a cessé de s'accroître depuis cette époque ; elle comptait en 1834, lors de l'enquête, 15,000 métiers et 45,000 ouvriers ; leur nombre a dû s'accroître encore depuis cinq ans. Dans tous les temps, cette industrie, dont les procédés se perfectionnent constamment, trouve près de la consommation nationale ses principaux débouchés : aussi a-t-elle moins souffert que toutes les autres des crises qui ont plusieurs fois interrompu la prospérité de nos fabriques. Ainsi que nous l'avons dit à l'article bonneterie, cette industrie était fort incomplètement représentée à l'exposition : la spécialité de Santerre n'y comptait pas même un seul de ses nombreux et habiles fabricants ; sans cela nous aurions eu certainement à en entretenir nos lecteurs.

Nous terminerons ici le compte-rendu de l'examen auquel le comité institué par le *Mémorial du commerce* s'est livré, en exprimant le regret de l'avoir tout à la fois rendu si long et d'y avoir laissé tant de lacunes. Nous avons fait en sorte, cependant, de n'omettre aucune de nos grandes industries. Les beaux-arts et les arts divers ont seuls à se plaindre de nous, car nous n'avons mentionné ni les chefs-d'œuvre de tour de M. POLIART, de *Rouen*, ni les moulures à la gélatine de M. VINCENT, ni le délicieux vase de M. MARTIN, ni les sculptures en carton-pierre de MM. VALLET et HUBER, ni la peinture sur albâtre de M. SERVAIS, ni les produits de typographie en couleur de M. SILBERMANN, pourtant si importants d'avenir. Quelques médecins, et le comité n'en renfermait pas, auraient été nécessaires pour apprécier le mérite des produits de M. CHARRIÈRE et de ses collègues ; nous pouvons nous passer d'eux, cependant, pour répéter, avec la faculté de médecine et le ministre de l'instruction publique, que les pièces d'anatomie plastique du savant docteur AUZOUX rendent d'éminens services à l'enseignement de cette partie essentielle de l'art de guérir. A cet égard, la juste faveur qui accueille de tous côtés les belles préparations de M. Auzoux doit lui rendre notre silence peu sensible; nous ne voulons pas cependant avoir l'air d'ignorer les mérites scientifique, industriel et philanthropique de ses travaux, et nous les rappelons ici, beaucoup plus encore pour nous-mêmes que pour lui. — Nous voudrions bien pouvoir dire quelque chose des produits de M. Verdier, ancien chirurgien herniaire de la marine et auteur d'un excellent traité sur les hernies et les déplacements et maladies de la matrice; mais nous n'avons personne qui sache parler convenablement le langage de la science; nous savons seulement que cet habile praticien jouit depuis long-temps d'une excellente réputation justement méritée. Si quelque place nous restait encore, nous parlerions des eustaches à 3 c. 1/2 de M. Renodier, de Saint-Étienne, des écoles professionnelles, des monuments d'Arles et Nîmes reproduits avec une si merveilleuse exactitude par M. Pelet et M. Duclaux; mais nous avons depuis long-temps dépassé les limites que le cadre du *Mémorial* nous traçait; nous prions ses lecteurs de nous savoir gré, non pas des quelques vérités que nous avons dites, c'était notre devoir, mais de toutes les erreurs que nous n'avons pas commises, et dont il était difficile de se garantir en se trouvant en présence d'un tel désordre d'abord, et ensuite d'intérêts particuliers si pressents, si jaloux et si exclusifs.

Pour le Comité,

Le Secrétaire-Rédacteur,

Ad. Blaise (des Vosges).

TABLE ALPHABÉTIQUE
DES NOMS DES EXPOSANTS
CITÉS DANS LE COMPTE-RENDU.

Indication des abréviations employées dans la table alphabétique des noms des exposants.

D.	Signifie . . .	Décoration de la Légion-d'Honneur.
M. O.	id.	Médaille d'or.
M. A.	id.	Médaille d'Argent.
M. B.	id.	Médaille de bronze.
M. H.	id.	Mention honorable.
C. F.	id.	Citation favorable.
R. D.	id.	Rappel de décoration.
R. O.	id.	Rappel de la médaille d'or.
R. A.	id.	id. id. d'argent.
R. B.	id.	id. id. de bronze.
R. M. H. . . .	id.	Rappel de mention honorable.
R. C. F. . . .	id.	Rappel de citation favorable.

FIN